Rajeev Kumar
Ashutosh Bhatt
Rajeev Kumar

**Introdução aos Computadores com Noções Básicas de
Programação**

Rajeev Kumar
Ashutosh Bhatt
Rajeev Kumar

Introdução aos Computadores com Noções Básicas de Programação

Uma Abordagem para Principiantes

ScienciaScripts

Imprint
Any brand names and product names mentioned in this book are subject to trademark, brand or patent protection and are trademarks or registered trademarks of their respective holders. The use of brand names, product names, common names, trade names, product descriptions etc. even without a particular marking in this work is in no way to be construed to mean that such names may be regarded as unrestricted in respect of trademark and brand protection legislation and could thus be used by anyone.

Cover image: www.ingimage.com

Este livro é uma tradução do original publicado sob ISBN 978-620-2-51992-2.

Publisher:
Sciencia Scripts
is a trademark of
International Book Market Service Ltd., member of OmniScriptum Publishing Group
17 Meldrum Street, Beau Bassin 71504, Mauritius
Printed at: see last page
ISBN: 978-620-0-86248-8

"Introdução aos Computadores com Noções Básicas de Programação"
Uma abordagem para principiantes

Sr. Deep Chandra Andola
Professor Assistente
Departamento de Aplicações da Faculdade de Tecnologia e Computadores
Grupo de Institutos Amrapali, Haldwani (Uttarakhand).

Dr. Ashutosh Bhatt
Professor Associado
Departamento de Informática,
Birla Institute of Applied Sciences, Bhimtal, (Uttarakhand).

Dr. Rajeev Kumar
Professor Associado
Faculdade de Ciências da Computação e Tecnologia da Informação,
Teerthanker Mahaveer University, Moradabad (U.P.)

Índice

<u>PREFÁCIO</u>

Este livro **"INTRODUÇÃO AOS COMPUTADORES COM BASES DE PROGRAMAÇÃO"** cobre todos os aspectos necessários no estudo do computador e da sua utilização, começando com o básico. Este livro é de grande utilidade para os alunos que são os iniciantes na área da informática. Este livro é apresentado de uma forma fácil e abrangente, em sequência lógica, usando uma linguagem simples e para fornecer uma exposição detalhada dos fundamentos.

Este livro é composto por treze capítulos e cobre todos e cada um dos tópicos com fácil compreensão e números simples. É apresentado um breve estudo de cada capítulo como:

Capítulo 1: Tecnologias da informação

O primeiro capítulo faz uma introdução sobre Dados e Informações, bem como várias diferenças entre eles. Além disso, introduz o conceito de Tecnologia da Informação e vários recursos do sistema (pessoas, hardware, software, dados e rede). Também fala das várias aplicações das Tecnologias de Informação com valor, qualidade e necessidade de informação.

Capítulo 2: Noções básicas do sistema informático

Este capítulo define, em primeiro lugar, o que é Computador, com história completa, de diferentes gerações (desde o ano de 1942 até ao presente). Além disso, explica as diferentes características e aplicações do computador, seguindo com a classificação e o seu diagrama de blocos.

Capítulo 3: Organização informática básica

Este capítulo apresenta a introdução sobre organização informática com a explicação das suas diferentes unidades, ou seja, unidade de entrada, unidade de saída, unidade de armazenagem e unidade central de processamento com figura e exemplo adequados.

Capítulo 4: Dispositivos de entrada/saída

O capítulo 4 explica quase todos os dispositivos de entrada e saída utilizados no dia-a-dia em todos os aspectos, desde o uso pessoal ao comercial, com números adequados.

Capítulo 5: Memória de Processo e Dispositivos de Armazenamento Secundário

O presente capítulo pode ser classificado em duas partes. A primeira parte descreve as diferentes partes da CPU, tais como unidade de controlo, unidade lógica aritmética, conjuntos de instruções, registos, etc.

A segunda parte dá uma descrição sobre a memória primária e secundária.

Capítulo 6: Sistema operativo

O sistema operativo é a parte significativa do sistema informático. Sem o sistema operativo, o computador não pode ser utilizado. O capítulo 6 fornece conhecimentos essenciais sobre o sistema operativo, as suas funções básicas, com os seus diferentes tipos. Fornece também conhecimentos básicos sobre alguns sistemas operativos populares como o UNIX, MS DOS, etc.

Capítulo 7: Redes informáticas

Este capítulo fornece conhecimentos fundamentais sobre redes informáticas a partir do modelo básico de comunicação e dos seus elementos e vários modos de transmissão de dados. Este capítulo também fornece informações necessárias sobre os meios de transmissão, topologias de rede com diferentes tipos de redes.

Capítulo 8: Internet

O capítulo 8 começa com a história da Internet, continuando com os serviços básicos da Internet, como o correio electrónico, o protocolo de transferência de ficheiros e a World Wide Web. Dá também informações sobre as diferentes utilizações da Internet e do trabalho na Internet. Finalmente, são fornecidos conhecimentos sobre vários motores de pesquisa.

Capítulo 9: Programas informáticos

Este capítulo descreve o software informático com a sua relação com o hardware. Também descreve diferentes tipos de software, com passos simples de desenvolvimento de software para desenvolver o software

Capítulo 10: Conceitos de informática - I

O capítulo 10 fornece conhecimentos fundamentais sobre vários conceitos básicos de informática, como algoritmos, fluxogramas e linguagens informáticas básicas, como linguagem de máquina, linguagem de montagem e linguagens de alto nível.

Capítulo 11: Conceitos de informática - II

O capítulo 11 abrange todos os conceitos essenciais do sistema numérico (tais como, decimal, binário, octal, hexadecimal, bem como as suas conversões), álgebra booleana e portas lógicas (AND, OR, NOT, NAND e NOR), bem como vários conceitos de bases de dados.

Capítulo 12: Introdução à língua C - I

O capítulo 12 começa com a história da língua C, seguindo-se as suas utilizações, características e aplicação. Além disso, é explicada a estrutura básica do programa C com os seus tipos de dados e diferentes tipos de classes de armazenamento. No final do capítulo, foram definidos vários operadores e expressões com exemplos simples e compreensíveis.

Capítulo 13: Introdução à língua C - II

O capítulo 13 é o último capítulo deste livro. Neste capítulo são explicadas várias operações de entrada e saída. Em seguida, com diferentes afirmações (se, se-else, switch, goto, while, do-while, for) que são básicas para a linguagem de programação C, são explicadas com linguagem simples.

Neste livro, tentei compilar todos os conhecimentos básicos e fundamentais sobre computadores e seus conceitos em linguagem simples e compreensível, com números facilmente compreensíveis.

--
Autor

CAPÍTULO - 1

TECNOLOGIA DA INFORMAÇÃO

1.1 INTRODUÇÃO AOS DADOS E INFORMAÇÕES:

Qualquer texto, gráfico, números, imagem, som ou termo vídeo em particular como "dados". É em bruto para as utilizações e requer um tratamento posterior do ponto de vista das utilizações. Assim, os dados podem ser definidos como tal:

"Factos e números em bruto conhecidos como Dados".

ou

"Os dados são informação em bruto ou não processada".

E os dados após processamento são conhecidos como informação. Assim, a informação pode ser definida como:

"Dados brutos (texto, figura, etc.) quando processados sob determinado algoritmo (ou seja, conjunto de regras) resultam no que se designa por informação".

ou

"A informação é um dado tal como processado, armazenado ou transmitido por um computador".

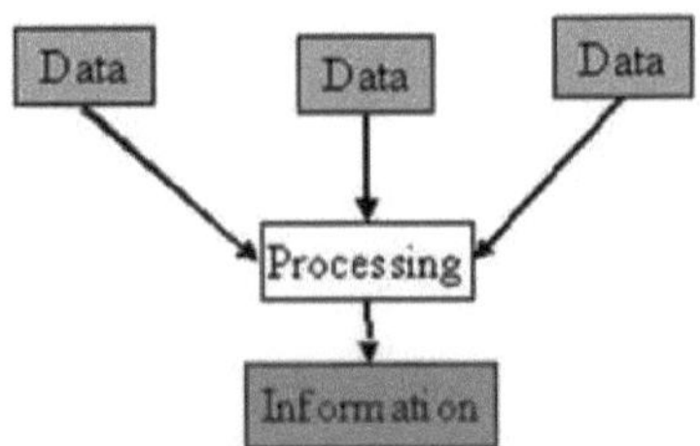

Figura 1.1: Ideia Geral de Dados e Informações

Para compreender a diferença vital entre os dados e a informação, tomemos um exemplo, suponhamos que uma empresa lança um novo produto no mercado e que os executivos da empresa estão interessados no relatório global do mercado a nível nacional. Para realizar esta tarefa, vários funcionários da empresa foram designados como a tarefa sub-dividida em diferentes níveis. Foi solicitado aos funcionários do nível mais baixo que se deslocassem à opinião pública em geral, visitando as suas casas, escritórios, lojas, etc., nas respectivas áreas atribuídas.

Assim, a este respeito, a visão geral do relatório de mercado do produto numa área pode servir de informação para a área de gestão dessa empresa. Mas a informação colectiva (ao nível mais baixo) pode servir como dados ao mais alto nível de executivos que recolhem a opinião pública de todas as áreas do país e depois as processam para dar um relatório resumido do mercado do novo produto. Algures no país, o relatório do produto pode ser muito bom e em algum lugar pode ser drástico, mesmo porque o produto lançado pode ser uma função do clima da área, dos anúncios de stands vivos dos habitantes, do seu rendimento mensal bruto, etc. Estes parâmetros podem ajudar os executivos da empresa a melhorar a venda do seu produto recém-lançado.

Do mesmo modo, há muitos casos em que uma pessoa pode distinguir entre dados e informações em função das utilizações e das suas necessidades.

1.2 TECNOLOGIA DA INFORMAÇÃO:

Tecnologia da informação é o nome da tecnologia, que é utilizada e processa a informação. O sistema em que a informação é tratada é designado por *"Sistema de Informação"*.

As tecnologias da informação podem ser definidas como tal:

"TI é o termo que engloba todas as formas de tecnologia utilizadas para criar, armazenar, trocar e utilizar a informação nas suas diversas formas".
ou
"As TI referem-se a tudo o que esteja relacionado com a tecnologia informática, como redes, hardware, software, Internet ou as pessoas que trabalham com essas tecnologias".
ou
"A TI é a tecnologia que envolve o desenvolvimento, manutenção e utilização de sistemas informáticos, software e rede para o tratamento e distribuição de dados".
ou
"As TI são um conjunto de ferramentas, processos e metodologias (tais como codificação/programação, comunicação de dados, conversão, armazenamento e recuperação de dados, análise e concepção de sistemas) e equipamento associado utilizado para recolher, processar e apresentar informação".

Tecnologia da Informação é um nome genérico para as seguintes funções:

- Informação / Representação de Dados.
- Informação / Armazenamento de Dados.
- Obtenção e Processamento de Informação / Dados.
- Informação / Comunicação de Dados.

1.3 RESOURES DO SISTEMA DE INFORMAÇÃO:

O sistema de informação é o sistema onde a informação é tratada. Existem cinco recursos básicos / principais do modelo de sistema de informação. São eles:

a) Pessoas
b) Hardware
c) Software
d) Dados
e) Rede

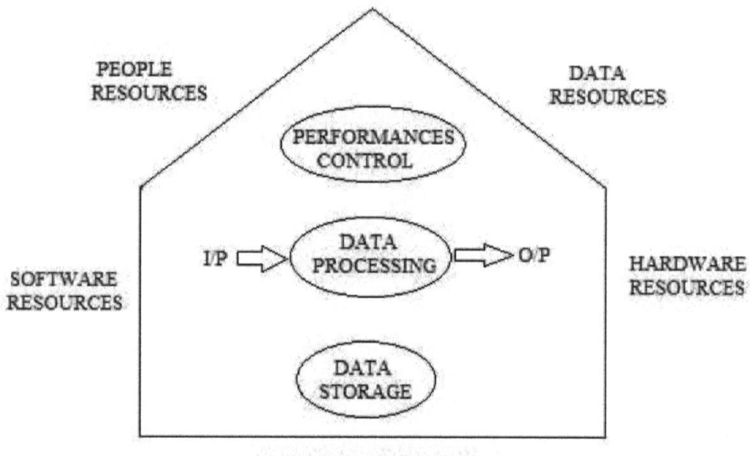

Figura 1.2: Sistema de informação

a) Recursos Humanos: As pessoas são necessárias para o funcionamento de todo o sistema de informação. Estes incluem utilizadores finais e especialistas em TI.

b) <u>Recursos de Hardware</u>: O conceito de recursos de hardware inclui todos os dispositivos físicos e materiais utilizados no processamento da informação. As TI incluem o sistema informático e os seus periféricos, incluindo o sistema de comunicação de alta velocidade.

c) <u>Recursos de Software</u>: Inclui todo o conjunto de instruções de processamento de informação. O conceito de software inclui não só um conjunto de instruções de operação chamadas programas, mas também módulos de condução de hardware de computador. Existem sistemas operativos e software de aplicação que contribuem para este recurso em geral.

d) <u>Recursos de Dados</u>: Os dados são mais do que uma matéria-prima do sistema de informação. O conceito de recursos de dados foi alargado por gestores e profissionais de sistemas de informação. Percebeu-se que os dados contribuem com uma grande parte dos recursos organizacionais disponíveis. Ele apresenta uma fase inicial de informação.

e) <u>Recursos da Rede</u>: Rede de telecomunicações Internet em directo, a Internet tornou-se uma característica essencial do sistema de informação actual. O conceito de recursos de rede sublinha que a comunicação de todos os sistemas de informação inclui vários tipos de meios de transmissão como fibra, cabo óptico, microondas, satcom, etc.

1.4 <u>APLICAÇÃO DA MESMA</u>:

A aplicação das tecnologias da informação é feita em quase todas as esferas da utilização humana. Algumas áreas em que as TI são utilizadas são:

- Educação
- Empresas
- Indústria
- Medicina
- Agricultura

1.5 <u>VALOR DA INFORMAÇÃO</u>:

O valor da informação desempenha um papel importante no processo de tomada de decisões. É possível quantificar a quantidade de informação, mas é difícil comparar o valor absoluto da informação. O valor da informação é diferente dos diferentes grupos de pessoas. O valor da informação está relacionado com os parâmetros, como quem utiliza a informação, em que circunstâncias a informação é utilizada e, mais importante ainda, a forma como é utilizada. A informação para este fim pode ser tratada como um item ou mercadoria a ser utilizada por diferentes pessoas para diferentes fins. Por exemplo, o copo de água pode ter um valor elevado para a pessoa que tem sede é o Verão e pode ter um valor diferente do da pessoa que acabou de beber água com tampa no Inverno.

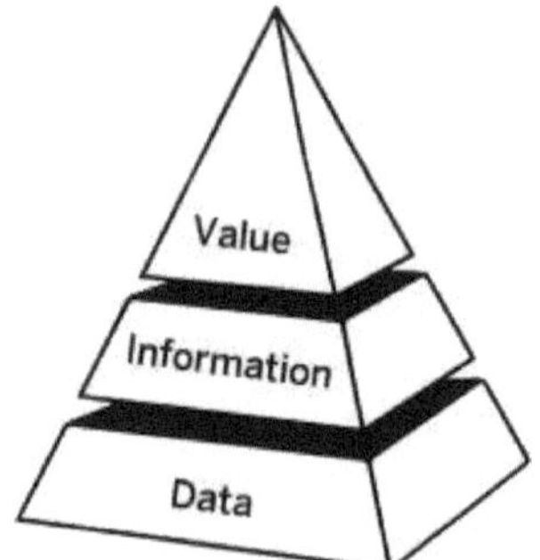

Figura 1.3: Valor da informação

1.6QUALIDADE DA INFORMAÇÃO:

Note-se que os dados sob a forma de áudio, vídeo, gráficos ou animação requerem uma grande quantidade de memória em comparação com o texto e o número de armazenamento. Uma vez que muitas aplicações requerem armazenamento, recuperação e processamento de dados em vários formatos e também que a informação seja comunicada de um local para outro sobre o requisito de largura de banda dos canais de comunicação tornou-se uma área de preocupação primordial e é um assunto bastante dispendioso.

É sempre desejável que a informação seja apresentada de forma a permitir a tomada de decisões. A qualidade da informação refere-se à medida em que permite a tomada de decisões. A necessidade de informação numa empresa decorre das seguintes razões:

- Oportunidades perante a organização e formalização da política de curto ou longo prazo para o crescimento da organização.

- Alocação de recursos de forma opcional, a fim de atingir os objectivos básicos de uma organização.
- Ajustando-se com novos e rápidos avanços tecnológicos e abrindo novas perspectivas para o progresso global da organização.
- Manter a relação com a direcção, fornecedor, clientes, clientes, governo, etc.
- O inquérito aos produtos, o marketing dos produtos, as vendas de produtos, etc., exigem que os dados sejam recolhidos no terreno e o consequente processamento para gerar informação.

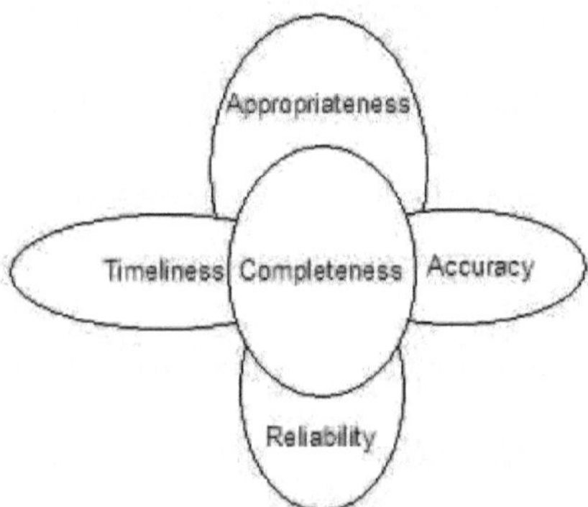

Figura 1.4: Qualidade da Informação

1.7 NECESSIDADE DE INFORMAÇÃO:

A informação é um elemento cuja relevância pode variar de pessoa para pessoa. O resultado de qualquer organização bem sucedida reside em muita informação nova que possui e na forma como utiliza a informação para alcançar o seu objectivo. A informação ajuda a tomar a decisão sobre a acção actual que está a desenvolver. Portanto, para isso qualquer organização é muito mais importante adquirir informação quando mais é a informação disponível menos são as chances de incerteza na decisão. Há mais alguns factores que contribuem para o valor da informação. Eles são dados como:

- Oportunidade
- Disponibilidade
- Exactidão
- Apresentação
- Exaustividade

<u>**PONTOS A LEMBRAR**</u>

1. Factos e números em bruto conhecidos como Dados.
2. Os dados em bruto (texto, figura, etc.) quando processados sob determinado algoritmo (ou seja, conjunto de regras) resultam no que se chama **Informação**.
3. A TI é a tecnologia que envolve o desenvolvimento, manutenção e utilização de sistemas informáticos, software e rede para o processamento e distribuição de dados.
4. Os principais recursos do modelo de sistema de informação são - pessoas, hardware, software, dados e rede.
5. O valor da informação desempenha um papel importante no processo de tomada de decisões.

<u>**PERGUNTAS:**</u>

1- O que entende por tecnologia da informação?
2- Distinguir entre dados e informações.
3- Explique os seguintes termos -
   (a) Qualidade da informação.
   (b) Valor da informação.
   (c) Necessidade de informação.
4- Quais são as aplicações das TI?
5- Quais são os principais recursos do sistema de informação? Explique-os.

CAPÍTULO - 2

NOÇÕES BÁSICAS DO SISTEMA INFORMÁTICO

<u>2.1 INTRODUÇÃO AO COMPUTADOR</u>:

Nada revolucionou a nossa vida como o rápido sucesso do computador tem hoje em dia; o computador afundou-se em todos os aspectos da nossa vida. O computador dos nossos dias não só computa, como também fez a sua própria tecnologia, que está a ter o seu impacto em todos os modos de vida humana. Eles fazem reservas ferroviárias e aéreas, fazem cálculos finais de ciência e tecnologia com grande velocidade e precisão sonhada, ensinam online, continuam com os serviços bancários e de defesa, etc. Para compreender e apreciar o impacto que os computadores têm na nossa sociedade e as expectativas que têm em relação ao futuro, é muito importante compreender conceptualmente estas máquinas.

O computador moderno, que usamos hoje em dia, utiliza uma integração em muito grande escala (VLSI), na qual milhares de componentes electrónicos foram espremidos num único chip de silício. A integração em ultra grande escala pode até comprimir milhões desses componentes num único chip. Esta capacidade ajudou a diminuir o tamanho e o preço dos computadores. Por outro lado, a sua potência, fiabilidade e eficiência aumentaram invariavelmente as dobras múltiplas. Em 1971, o chip INTEL 4004 colocou a unidade central de processamento, memória e controlos de entrada/saída num chip minúsculo. Isto fez evoluir um microprocessador. Hoje em dia, o microprocessador está presente em quase todos os dispositivos eléctricos, electrónicos e mecânicos, seja um forno microondas, ar condicionado, televisor ou um automóvel com sistema de injecção de combustível.

Em meados de 1970, os gigantes do fabrico de computadores procuraram expor o computador a um consumidor em geral, incorporando pacotes de software de utilização especial e amigável. Em 1981, a IBM lançou o seu computador pessoal (PC) para utilização em escritórios, escolas e lares. O número de PC's duplicou cerca de 2 milhões em 1981 para 5,5 milhões em 1982.

Figura 2.1: Sistema informático

Assim, a definição de um computador pode ser dada como:

"Um dispositivo electrónico que processa dados brutos sob controlo do programa para dar alguma informação significativa".
ou
"O computador é um dispositivo electrónico que funciona com base em dados".
ou
"Computador é um dispositivo electrónico capaz de receber informações (dados) sob uma determinada forma de efectuar uma sequência de operações de acordo com um conjunto pré-determinado mas variável de instruções processuais (programa) para produzir um resultado sob a forma de informações ou sinais (saída)".

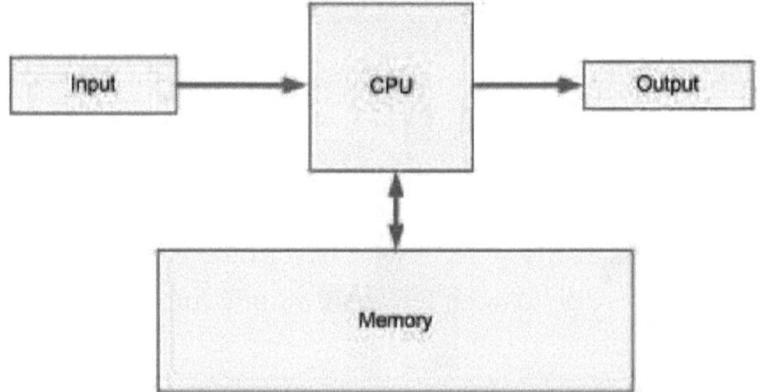

Figura 2.2: Organização de um Computador

O sistema informático executa cinco funções básicas:

- Entrada.
- Armazenagem.
- Processamento.
- Produção.
- Controlo.

Entrada: O processo de introdução dos dados e instruções no computador é chamado input.

Armazenagem: O sistema informático armazena os dados e as instruções conforme e quando necessário.

Processamento: O computador converte os dados em bruto introduzidos em informação significativa, realizando operações aritméticas e/ou lógicas de acordo com as instruções dadas.

Produção: Os dados acabados ou processados são chamados de saída.

Controlo: O sistema informático deve ser controlado para organizar a forma e a sequência das quatro operações acima enumeradas.

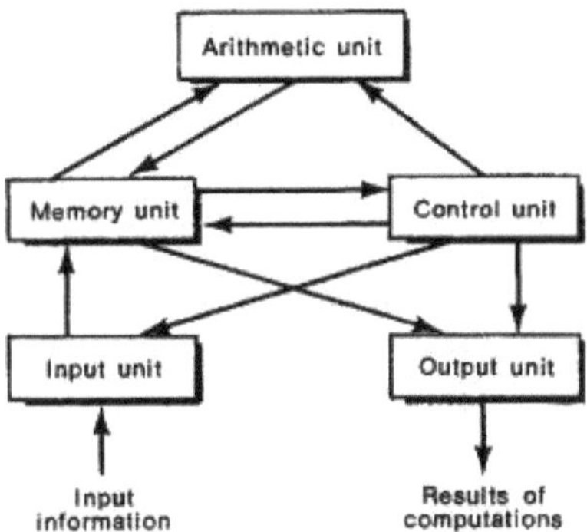

Figura 2.3: Elementos básicos de um sistema informático

A *Unidade Central de Processamento (CPU)* é o cérebro do sistema informático com a *Unidade de* Controlo, *Aritmética e Lógica (UAL)*, que efectua cálculos aritméticos e lógicos sobre um determinado conjunto ou dados.

2.2 HISTÓRIA DO COMPUTADOR:

A história do computador é o estudo de como a contagem mais básica se transformou num vasto mar de tecnologia informática. O avanço da matemática suporta indirectamente o progresso dos computadores desde o *ABACUS* até aos modernos computadores de secretária. O ABACUS foi inventado pelos chineses como um dispositivo mecânico para adição e subtracção. Consiste em cálculos feitos por fases divididos em contagem de unidades, dezenas, centenas e assim por diante.

Com o passar do tempo, John Napier inventou os ossos de Napier em 1600. Blaire Pascal inventou o primeiro computador em 1642. Leibnitz (um matemático alemão) inventou a calculadora mecânica no século XVIII. Charles Babbage fez a diferença do motor em 1822 e muitos outros avanços promoveram o nascimento do computador moderno. Na primeira década do século XIX, JM Jacquard inventou um tear automático, que era operado pelo mecanismo controlado pelas cartas perfuradas. No início da década de 1940, foi desenvolvida uma máquina chamada MARK I, que utilizava relés electromagnéticos. Este era o computador que utilizava circuitos electrométricos. No entanto, no final dos anos 40, foi introduzida a primeira máquina electrónica ENIAC (Electronic Numerical Integrator and Calculator). Durante 1946-52, John Neumann e a sua equipa desenvolveram um computador digital de alta velocidade que utilizava tubos de vácuo. Gradualmente, os tubos de vácuo foram substituídos por transístores e, em seguida, a integração de circuitos eletrônicos em um chip.

Dada abaixo a lista de computadores, de acordo com o seu ano de desenvolvimento.

Ano	Origem / Nome	Desenvolvido por
1939-44	MARCA I	IBM
1943-45	ENIAC	Machly & Eckest
1946	IBM 602 & IBM 603	IBM
1950	UNIVAC	Remington Rand
1963	IBM7040	IBM
1964	IBM 360	IBM
1974	ALTAIR	Ed. Roberts
1976	Computador Apple	Computador Apple
1981	IBM - PC	IBM
1984	MAC	Computador Macintosh
1985	NEXT	Computador Apple

2.3 GERAÇÃO DE COMPUTADORES:

A geração de computadores pode ser designada como o período de tempo em que a tecnologia informática mais recente substituiu a antiga.

Os computadores são geralmente classificados nas cinco gerações seguintes:

- Primeira geração (1942-55)
- Segunda geração (1955-64)
- Terceira geração (1964-75)
- Quarta geração (1975-89)
- Quinta geração (1989-Presente)

PRIMEIRA GERAÇÃO (1942-1955):

Durante a primeira geração de computadores, utiliza os tubos de vácuo. Um tubo de vácuo era um frágil dispositivo de vidro, que usava um filamento como fonte de electrónica e podia controlar e amplificar o sinal electrónico. A memória destes computadores utilizava relés electromagnéticos e todos os dados e instruções eram introduzidos no sistema a partir de cartões perfurados.

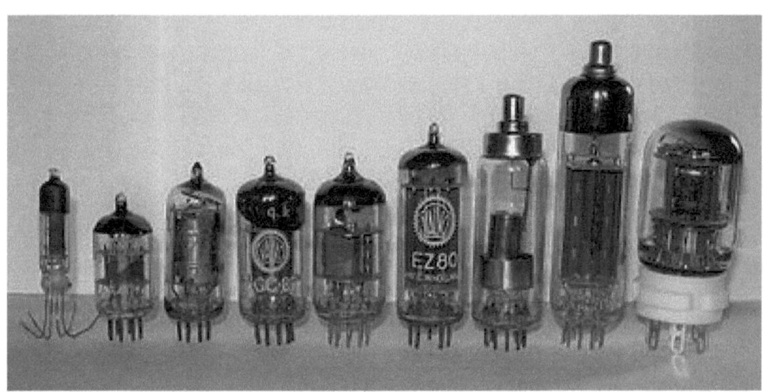

Figura 2.4(a): Tubo de Vácuo

<u>Figura 2.4(b): Computadores de primeira geração</u>

As características dos computadores de primeira geração são as seguintes:

i. Eram o dispositivo de cálculo mais rápido do seu tempo.

ii. Eram demasiado volumosos em tamanho, exigindo salas grandes para a sua instalação.

iii. Utilizaram milhares de tubos de vácuo que emitiam grande quantidade de calor e queimava frequentemente. Assim, o espaço / áreas em que estes computadores estavam localizados tinham de ser devidamente climatizados.

iv. Cada tubo de vácuo consumiu cerca de meio watt de potência. Uma vez que um computador utilizava normalmente mais de dez mil tubos de vácuo, o consumo de energia destes computadores era muito elevado.

v. Como os tubos de vácuo utilizavam filamentos, tinham uma vida útil limitada. Como um computador utilizava milhares de tubos de vácuo, estes computadores eram propensos a frequentes falhas de hardware.

vi. Devido ao baixo tempo médio de falhas, estes computadores necessitaram de manutenção constante.

vii. Nestes computadores, milhares de componentes individuais foram montados manualmente, de forma manual, em circuitos electrónicos.

viii. A produção comercial destes computadores era difícil e dispendiosa.

<u>SEGUNDA GERAÇÃO (1955-1964)</u>:

Os computadores de segunda geração foram fabricados utilizando transístores em vez de tubos de vácuo. Devido à elevada fiabilidade e à menor propensão a falhas dos transístores, do que os tubos de vácuo, estes computadores eram mais potentes, mais fiáveis, menos dispendiosos e de dimensões reduzidas e arrefecem para funcionar do que os computadores de primeira geração.

Figura 2.5 (a): Transístores

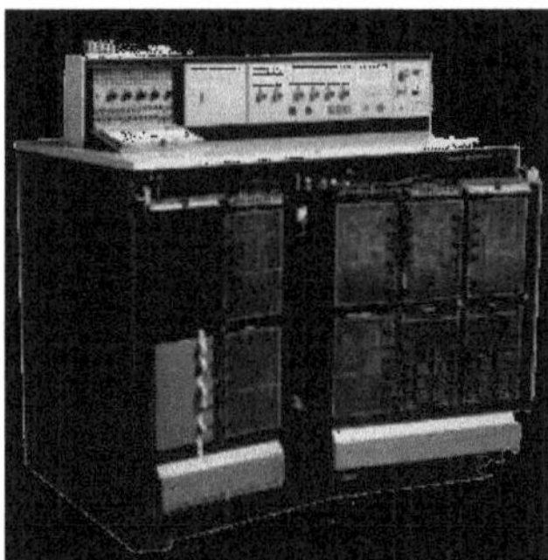

Figura 2.5 (b): Computadores de segunda geração

As características dos computadores de segunda geração são as seguintes:

i. Eram mais de dez vezes mais rápidos do que os computadores da primeira geração.
ii. Eram mais pequenos do que os computadores da primeira geração e, portanto, exigiam menos espaço.
iii. Consumiam menos energia e dissipavam menos calor do que os computadores da primeira geração. A sala/áreas onde se encontravam os computadores da segunda geração ainda precisavam de ser devidamente climatizados.
iv. Eram mais fiáveis e menos propensos a falhas de hardware do que os computadores da primeira geração.

v. Possuíam um armazenamento primário e secundário mais rápido e maior em comparação com os computadores de primeira geração.

vi. Eram mais fáceis de programar e utilizar do que os computadores de primeira geração.

vii. Nestes computadores, milhares de transístores individuais tiveram de ser montados manualmente em circuitos electrónicos, tornando a produção comercial destes computadores difícil e dispendiosa.

TERCEIRA GERAÇÃO (1964-1975):

Nos computadores de terceira geração, a tecnologia IC *(Circuito Integrado)* vem toda a desvantagem dos tubos de vácuo e transístores. A tecnologia IC era também conhecida como tecnologia *"microelectrónica"* porque permitia integrar um grande número de componentes de circuitos numa superfície muito pequena de silício, conhecida como *"chip"*. Inicialmente, os circuitos integrados continham apenas cerca de dez a vinte componentes. Esta tecnologia foi denominada *"Small Scale Integration" (integração em pequena escala)*. Mais tarde, com o avanço da tecnologia de fabrico de circuitos integrados, tornou-se possível integrar até cerca de cem componentes num único chip. Esta tecnologia foi designada por *"Integração em Média Escala"*.

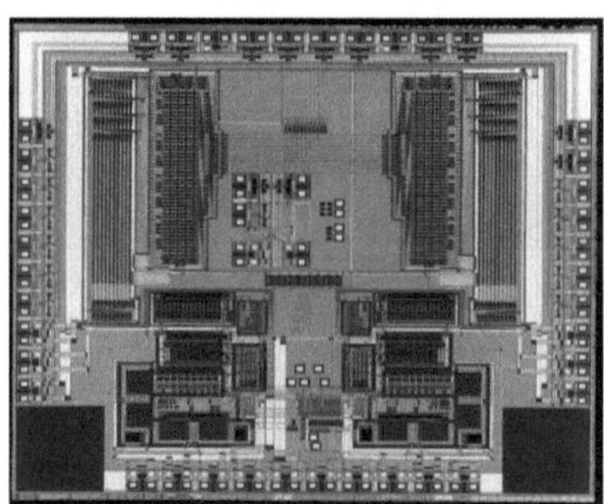

Figura 2.6(a): Chip IC

Figura 2.6(b): Computador de terceira geração

Os computadores construídos com circuitos integrados caracterizaram a terceira geração. Os anteriores utilizavam tecnologia SSI e os posteriores utilizavam tecnologia MSI.

As características dos computadores de terceira geração são as seguintes:

i. Eles eram mais poderosos do que os computadores de segunda geração.
ii. Tinham capacidade para executar um milhão de instruções por segundo.
iii. Consomem menos energia e dissipam menos calor do que os computadores de segunda geração.
iv. Eram mais fiáveis e menos propensos a falhas do que os computadores de segunda geração.
v. Possuíam um armazenamento primário e secundário mais rápido e grande em comparação com os computadores de segunda geração.
vi. Eram máquinas de uso geral, adequadas tanto para uso científico como comercial.
vii. A padronização de linguagens de programação de alto nível permitiu que programas escritos para um computador pudessem ser facilmente portados e executados em outro computador.
viii. O sistema operativo de tempo partilhado permitiu a utilização interactiva e a utilização simultânea. destes sistemas por múltiplas utilizações.
ix. O sistema operacional de time sharing também viabilizou a utilização destes sistemas para novas aplicações em linha.
x. Os minicomputadores de terceira geração tornaram os computadores acessíveis mesmo às empresas mais pequenas.

QUARTA GERAÇÃO (1975-1989):

Durante a terceira geração foi introduzida a tecnologia SSI e MSI para computadores, mas na quarta geração a tecnologia de integração de computadores foi avançada como LSI (*Large Scale Integration*) e VLSI (*Very Large Scale Integration*). Na tecnologia LSI, mais de 30000 componentes electrónicos foram integrados num único chip e na tecnologia VLSI; este número é aumentado para um milhão de componentes electrónicos por chip. Este progresso leva a um desenvolvimento dramático na criação de um ***"microprocessador"***.

"Um microprocessador contém todos os circuitos necessários para realizar a lógica aritmética e a função de controlo, as actividades principais de todos os computadores, num único chip".

Figura 2.7: Computador de quarta geração

Durante esta geração, as memórias semicondutoras substituíram as memórias do núcleo magnético resultando numa grande RAM (memória de acesso aleatório) com um tempo de acesso muito rápido. Além disso, o disco rígido tornou-se pequeno e mais barato e com maior capacidade.

Outro desenvolvimento significativo durante o período de quarta geração foi a difusão das redes informáticas de alta velocidade que permitem a interligação de vários computadores para que estes possam comunicar e partilhar dados. As Redes Locais (LAN) e as Redes de Área Ampla (WAN) tornaram-se populares para ligar diferentes computadores localizados a uma distância menor e maior. Isto deu origem a uma rede de computadores e sistemas distribuídos.

As características dos computadores de quarta geração são as seguintes:

i. Os PC's eram mais pequenos e mais baratos do que o quadro principal ou minicomputadores de terceira geração.
ii. Consumiram menos energia do que os computadores da geração anterior.
iii. Eram mais fiáveis e menos propensos a falhas de hardware.
iv. Possuíam um armazenamento primário e secundário mais rápido e maior em comparação com os computadores de terceira geração.
v. Eram máquinas de uso geral.
vi. A interface gráfica do utilizador (GUI) permitiu que novos utilizadores aprendessem rapidamente a utilizar computadores.
vii. PC - aplicações baseadas em PC tornaram os PC's uma ferramenta poderosa, tanto para uso no escritório como em casa.
viii. A rede de computadores permitiu a partilha de recursos como discos, impressoras, etc., entre vários computadores e as suas utilizações.

QUINTA GERAÇÃO (1989-actual):

A tecnologia VLSI tornou-se tecnologia ULSI (*Ultra Large Scale Integration*) na quinta geração, resultando na produção de chips microprocessadores com dez milhões de componentes electrónicos. De facto, a velocidade dos microprocessadores e o tamanho da memória principal e dos discos rígidos duplicou quase ao fim de dezoito meses. Como resultado, muitas características encontradas nos CPU's de sistemas de grande porte de sistemas de terceira e quarta geração passaram a fazer parte da arquitectura de microprocessadores na quinta geração.

Figura 2.8: Computadores de quinta geração

Durante a quinta geração, os discos ópticos também surgiram como um popular meio de armazenamento de massa portátil, como o CD - ROM (compact disk read only memory). Um vasto oceano de informação tornou-se facilmente acessível aos utilizadores de computadores através da World Wide Web (www).

Além disso, vários novos tipos de aplicações interessantes como o comércio electrónico, bibliotecas virtuais, salas de aula virtuais, educação à distância, etc., surgiram durante esse período.

As características dos computadores de quinta geração são as seguintes:

i.   Os computadores da quinta geração são os mais poderosos de todas as outras gerações.
ii. Consomem menos energia em relação a outros computadores da geração.
iii. São mais fiáveis e menos propensos a falhas de hardware do que os seus predecessores, exigindo custos de manutenção negligenciáveis.
iv. Têm um armazenamento primário e secundário mais rápido e grande.
v.   São máquinas de uso geral.
vi. A utilização de linguagens de programação padrão de alto nível permite que os programas escritos no computador sejam facilmente portados e executados em outro computador.
vii. Foram introduzidas aplicações mais recentes e mais potentes.
viii. Com tantos tipos de computadores em todas as faixas de preço hoje em dia, temos um computador para quase todos os tipos de utilizadores.

2.4 **CARACTERÍSTICAS DOS COMPUTADORES:**

As características dos computadores são as seguintes:

- Velocidade
- Armazenamento
- Diligência
- Exactidão
- Versatilidade
- Utilização de dados comuns

Velocidade: Este é o factor mais importante que foi responsável pelo desenvolvimento dos computadores. Uma vez que, inicialmente, todo o trabalho era feito manualmente, o que era muito confuso e demorado. Toda essa confusão foi dissipada com a chegada dos computadores. Os computadores são dispositivos muito rápidos. A velocidade dos computadores não pode ser medida em termos de segundos. A velocidade dos computadores é medida em micro segundos, nano-segundos e pico-segundos.

Armazenagem: Os computadores podem armazenar dados volumosos num espaço muito pequeno com maior fiabilidade a um custo muito mais barato.

Diligência: O computador é uma máquina. Não se cansa, nem perde a sua concentração mesmo depois de trabalhar continuamente durante muito tempo. Esta característica é especialmente útil para aqueles trabalhos em que alguma tarefa é feita repetidamente.

Exactidão: Quando um humano trabalha continuamente durante algumas horas, ele fica cansado e aborrecido do seu trabalho e pode cometer alguns erros. Mas se um computador, mesmo que esteja ligado durante os últimos dias ou mesmo meses, funciona de forma tão fresca e precisa como se estivesse ligado agora mesmo. Se forem encontrados erros nos resultados obtidos a partir de computadores, estes não se devem a falhas tecnológicas, mas sim a um erro de programador, ou isto deve-se à introdução de dados incorrectos.

Versatilidade: Nos computadores cada coisa é armazenada em formato binário onde apenas dois dígitos são utilizados *0* e *1*. O computador pode realizar a seguinte operação:

- Pode executar operações aritméticas.
- Comparar dois valores ou quantidades e tomar o caminho a seguir.
- Movimenta os dados de um caminho para outro.

Dados comuns utilizados: Um elemento de dados pode estar envolvido em vários procedimentos diferentes ou ser acedido, actualizado ou inspeccionado por vários utilizadores diferentes. No sistema manual, os dados estão frequentemente acessíveis a um número limitado de utilizadores.

2.5 APLICAÇÕES DO COMPUTADOR:

No mundo moderno, como as necessidades das pessoas estão a aumentar, a tecnologia está a ser desenvolvida de forma correspondente. A informática é um desses grandes avanços da tecnologia. Esta capacidade dos computadores tem beneficiado muito a vida humana. Aqui estão algumas aplicações dos computadores.

- Científica
- Médico

- Projecto de Engenharia
- Contabilidade
- Processamento de bases de dados
- Publicação
- Anúncio
- CAD (Computer Aided Design)
- Email
- Gestão
- Previsão do tempo
- Processamento de texto
- Design de Moda
- Economia
- Apresentações
- Entretenimento
- Educação
- Sistema de Gestão de Bases de Dados

2.6   DIAGRAMA DE BLOCOS DO COMPUTADOR:

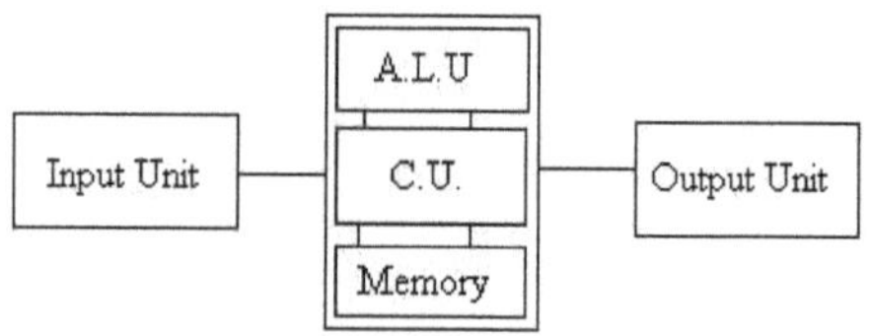

Figura 2.9: Diagrama de blocos do computador

O diagrama de blocos do computador pode ser classificado em três unidades principais -

- Unidade de entrada
- Unidade Central de Processamento (CPU)
  - ➤ Unidade lógica aritmética (UAL)
  - ➤ Unidade de Controlo (UCC)
  - ➤ Memória
- Unidade de saída

Unidade de entrada: A unidade de entrada desempenha as várias funções no sistema informático. Lê ou aceita os dados do mundo exterior e converte-os (dados) numa forma legível por computador.

Unidade Central de Processamento: A Unidade Central de Processamento é o cérebro do computador. A CPU está subdividida em três partes principais.

- Unidade Lógica Aritmética (UAL)
- Unidade de Controlo (UCC)
- Memória

Unidade Lógica Aritmética: A ALU é capaz de realizar operações aritméticas e lógicas para o computador.

As operações aritméticas incluem adição, subtracção, multiplicação, divisão, funções trigonométricas, quadrado, raízes, etc. As operações lógicas incluem lógica booleana como AND, OR, NOT, XOR, etc.

Unidade de Controlo: A unidade de controlo da CPU selecciona e interpreta as instruções do programa e depois coordena a sua execução. Tem alguns registos de propósito especial (utilizados para guardar informação de base temporária) e um descodificador para realizar estas actividades (é um circuito que descodifica e interpreta o significado de todas as instruções suportadas pela CPU). Embora a unidade de controlo não efectue qualquer processamento de dados propriamente dito, actua como sistema nervoso central para todos os outros componentes do computador.

Memória: CPU contém um conjunto especial de células de memória chamadas registos que podem ler e gravar muito mais rapidamente do que a área de memória principal. A memória principal do computador vem em duas variedades principais - RAM (Random Access Memory) e ROM (Read Only Memory), a RAM pode ser lida e escrita em qualquer momento, a CPU comanda-a, mas a ROM é uma pré-carga com dados e software que nunca muda, por isso a CPU só pode ler a partir dela.

Unidade de saída: Unidade de Saída aceita o resultado produzido pelo computador, depois codifica-o para a forma legível pelo ser humano e mostra-o aos utilizadores.

2.7 CLASSIFICAÇÃO DOS COMPUTADORES:

Com base nos princípios de funcionamento, os computadores podem ser classificados num dos seguintes tipos:

- Computador Digital
- Computador analógico
- Computador Híbrido

Computador digital: Estes funcionam com base nas políticas de contagem. Todas as quantidades, em uso, aqui são discretas.

Computador analógico: Funcionam por mecanismo analógico, ou seja, por medição. A funcionalidade destes computadores depende do estabelecimento de semelhanças entre as duas grandezas que são geralmente tensão ou corrente.

Computador Híbrido: Estes computadores empregam as características dos computadores analógicos e digitais tanto.

Com base nas dimensões variáveis com diferentes capacidades, estão mais uma vez divididas em três grandes categorias:

- Super Computador
- Computador mainframe
- Mini Computador

Super Computador: Eles são os computadores mais poderosos. São utilizados para aplicações técnicas científicas que incluem defesa, tráfego aéreo, banca, etc.

Computador mainframe: São geralmente utilizados para funções empresariais centralizadas e controlo de inventário de grandes empresas.

Computadores Pessoais: Eles têm a capacidade de fazer o trabalho de forma independente. Processam o trabalho um a um de forma serial. Podem ser ligados a outros computadores em rede comum, de modo a poderem recuperar programas de aplicação maiores a partir do servidor.

2.8 DADOS:

Peças distintas de informação geralmente formatadas de forma especial. Todos os softwares estão divididos em duas categorias gerais.

- Dados
- Programa

Os programas são coleções de instruções para manipulação de dados.

Os dados podem existir de várias formas - como número ou texto em lugares de papel, como bits e bytes armazenados na memória electrónica ou como factos armazenados na mente de uma pessoa.

Os dados estão divididos em duas categorias -

- Tipos de dados numéricos
- Tipos de dados alfanuméricos

Dados numéricos: Uma constante numérica pode ser uma constante escalar, um vector ou uma matriz e pode conter valores complexos. Os dados numéricos podem ser um número inteiro, uma fracção decimal, um número em notação científica ou um número complexo.

Por exemplo...

Constantes numéricas: 105, $1.05e + 2$ etc.

Constantes complexas: $3 + 4i$, $3.0 + 4.0i$ etc.

Dados alfanuméricos: Os dados introduzidos são necessários para muitos tipos diferentes de empregos. Os dados alfanuméricos são a combinação de alfabético e numérico, e são utilizados para descrever a recolha de letras latinas e dígitos árabes utilizados por grande parte da sociedade ocidental.

<u>PONTOS A LEMBRAR</u>

1. **O computador** é um dispositivo electrónico capaz de receber informações (dados) sob uma determinada forma de efectuar uma sequência de operações de acordo com um conjunto pré-determinado mas variável de instruções processuais (programa) para produzir um resultado sob a forma de informações ou sinais (saída).
2. As funções básicas do Computador são - entrada, controlo, armazenamento, saída e processamento.

3. A *Unidade Central de Processamento (CPU)* é o cérebro do sistema informático com a *Unidade de* Controlo, *Aritmética e Lógica (UAL)*, que efectua cálculos aritméticos e lógicos sobre um determinado conjunto ou dados.
4. Os computadores de primeira geração utilizam os tubos de vácuo. Um tubo de vácuo era um frágil dispositivo de vidro, que usava um filamento como fonte de electrónica e podia controlar e amplificar o sinal electrónico.
5. Os computadores de segunda geração foram fabricados utilizando transístores em vez de tubos de vácuo.
6. Nos computadores de terceira geração, a tecnologia IC *(Circuito Integrado)* vem toda a desvantagem dos tubos de vácuo e transístores.
7. A tecnologia IC era também conhecida como tecnologia *"microelectrónica"* porque permitia integrar um grande número de componentes de circuitos numa superfície muito pequena de silício, conhecida como *"chip"*.
8. Durante a terceira geração de computadores, foram implementadas as tecnologias SSI (Small Scale Integration) e LSI (Large Scale Integration).
9. A tecnologia de integração informática de quarta geração foi avançada como LSI (*Large Scale Integration*) e VLSI (*Very Large Scale Integration*).
10. Um microprocessador contém todos os circuitos necessários para realizar a lógica aritmética e a função de controlo, as actividades principais de todos os computadores, num único chip.
11. A tecnologia VLSI tornou-se tecnologia ULSI (*Ultra Large Scale Integration*) na quinta geração, resultando na produção de chips microprocessadores com dez milhões de componentes electrónicos.
12. Três unidades principais de Computador são - Unidade de Entrada, Unidade Central de Processamento (CPU) e Unidade de Saída.
13. A CPU é o cérebro do computador e está ainda classificada em três subcategorias - Unidade de Lógica Aritmética (UAL), Unidade de Controlo (UC) e Memória.

<u>PERGUNTAS:</u>

1. O que é o computador?
2. Listar e explicar algumas características do computador?
3. Qual foi o primeiro computador produzido comercialmente?

4. Liste as várias gerações de computadores, juntamente com as características-chave do computador em cada geração.
5. Quais são as funções do cálculo?
6. Enumerar várias características do computador.
7. Quais são as várias aplicações do computador?
8. Explicar o diagrama de blocos do computador.
9. Escreva uma breve nota sobre o seguinte:
   - Dados
   - História do computador
   - Dados alfanuméricos
   - Dados Numéricos
10. Explicar as várias classificações do computador.

CAPÍTULO - 3

ORGANIZAÇÃO INFORMÁTICA DE BASE

3.1 <u>INTRODUÇÃO À ORGANIZAÇÃO INFORMÁTICA</u>:

Uma vez que a dimensão, a forma, o desempenho, a fiabilidade e o custo dos computadores têm vindo a mudar ao longo dos anos, a estrutura lógica básica (baseada no conceito de programa armazenado), tal como proposto por von Neumann, não se alterou. Não importa a forma e o tamanho do computador? Estamos a falar de cinco operações básicas para converter os dados brutos de entrada em informação útil e apresentá-los a um utilizador:

- Entrada
- Armazenamento
- Processamento
- Saída
- Controlo

<u>Entrada de dados</u>: Processamento da introdução de dados e instruções num sistema informático.

<u>Armazenamento</u>: Guardar dados e instruções para os tornar rapidamente disponíveis para processamento inicial ou adicional, conforme e quando necessário.

<u>Processamento</u>: Realização de operações aritméticas (adição, subtracção, multiplicação, divisão, etc.) ou lógicas (comparações iguais a, inferiores a, superiores a, etc.) sobre dados para os converter em informação útil.

<u>Produção</u>: Processo de produção de informações ou resultados úteis para um utilizador, como um relatório impresso ou uma apresentação visual.

<u>Controlo</u>: Dirigir a forma e a sequência em que as operações acima referidas são realizadas.

A arquitectura interna do computador difere de um modelo de sistema para outro. No entanto, a organização básica permanece a mesma para todos os sistemas informáticos. Figura 3.1; mostrar a organização básica do sistema informático. Existem cinco módulos básicos (unidades funcionais) de um sistema informático digital. Estas unidades são:

- Unidade de entrada
- Unidade de saída
- Unidade de armazenagem
- Unidade Central de Processamento
  - ➢ Unidade lógica aritmética
  - ➢ Unidade de controlo
- Conceito de sistema

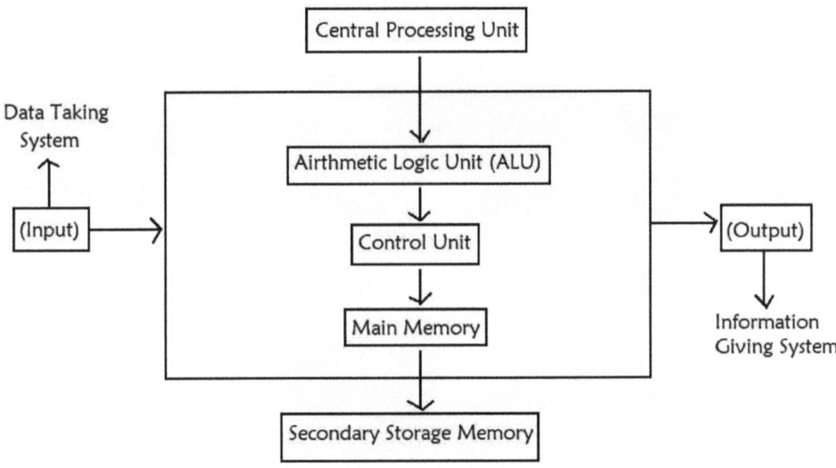

Figura 3.1 Organização básica de um sistema informático

3.2 UNIDADE INPUT:

Os dados e as instruções devem entrar no sistema informático antes de o computador poder efectuar qualquer cálculo sobre os dados fornecidos. A unidade de entrada que liga um computador ao seu ambiente externo executa esta tarefa. Os dados e as instruções entram num computador através de uma unidade de entrada de dados de uma forma que depende do dispositivo de entrada de dados utilizado. Por exemplo, os dados podem ser introduzidos através do teclado de uma forma semelhante à digitação e isto difere da forma como os dados são introduzidos através de um scanner, outro tipo de dispositivo de introdução de dados. Contudo, a memória do computador foi concebida para aceitar a entrada em código binário, pelo que todos os dispositivos de entrada devem transformar os sinais de entrada em códigos binários. As unidades chamadas interfaces de entrada efectuam esta transformação. As interfaces de entrada correspondem às características físicas ou eléctricas únicas dos dispositivos de entrada aos requisitos de um sistema informático.

Em suma, uma unidade de entrada desempenha as seguintes funções:

a) Aceita (ou lê) instruções e dados do mundo exterior.
b) Converte estas instruções e dados em formato legível por computador.
c) Fornece as instruções e os dados convertidos ao sistema informático para tratamento posterior.

Figura 3.2: Unidades de entrada

3.3 SAÍDA UNIDADE:

Uma unidade de saída realiza a operação inversa da de uma unidade de entrada. Fornece informações obtidas a partir do processamento de dados ao mundo exterior. Por conseguinte, liga um computador ao seu ambiente externo. Como trabalho informático com código binário, os resultados produzidos são também em formato binário. Portanto, antes de fornecer os resultados ao mundo exterior, o sistema pode convertê-los para uma forma legível para o ser humano. As unidades chamadas "*interfaces de saída*" realizam esta tarefa. As interfaces de saída correspondem às características físicas ou eléctricas únicas dos dispositivos de saída (terminal, impressoras, etc.) aos requisitos de um ambiente externo.

Em suma, uma unidade de saída desempenha as seguintes funções:

a) Aceita os resultados produzidos pelo computador, que estão em forma codificada e, por conseguinte, não os podemos compreender facilmente.
b) Converte estes resultados codificados para uma forma humana aceitável (legível).
c) Fornece os resultados convertidos ao mundo exterior.

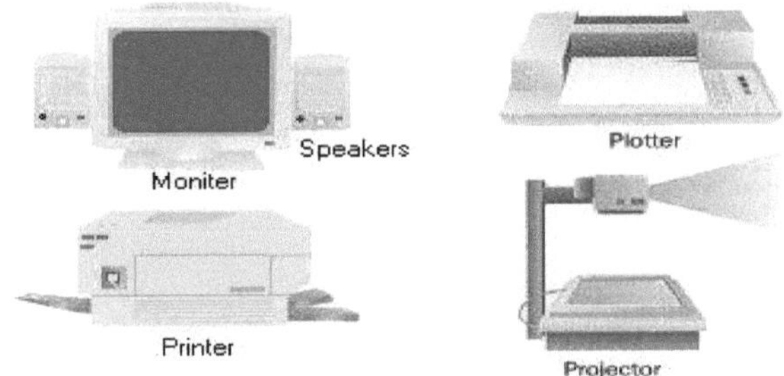

Figura 3.3: Unidades de saída

3.4 UNIDADE DE ARMAZENAMENTO:

Os dados e instruções introduzidos num sistema informático através de unidades de entrada têm de ser armazenados dentro do computador antes do início efectivo do processamento. Do mesmo modo, os resultados produzidos por um computador após o processamento têm de ser guardados algures no sistema informático antes de serem transmitidos a uma unidade de saída. Além disso, um computador tem também de preservar os resultados intermédios para o tratamento em curso. A unidade de armazenamento de um sistema informático responde a todas estas necessidades. Proporciona espaço para armazenar dados e instruções, resultados intermédios e resultados para a saída.

Figura 3.4: Unidade de armazenagem

Em suma, uma unidade de armazenagem armazena:

a) Dados e instruções necessárias para o processamento.
b) Resultados intermédios do processamento.
c) Resultados para a saída, antes de serem libertados para um dispositivo de saída.

A unidade de armazenamento de todos os sistemas informáticos é composta por dois tipos:

- Armazenagem primária
- Armazenamento secundário

Armazenamento Primário: O armazenamento primário (também conhecido como *memória principal*) é utilizado para guardar as instruções e os dados do programa, os resultados intermédios do processamento e, recentemente, os resultados produzidos desses trabalhos.

O armazenamento primário só pode conter informação enquanto o computador estiver ligado. Assim que o sistema informático se desliga ou reinicia, a informação armazenada no armazenamento primário é apagada. Além disso, o armazenamento primário tem normalmente uma capacidade de armazenamento limitada porque é muito dispendioso. O armazenamento primário do sistema informático moderno é feito de dispositivos semicondutores.

Armazenagem Secundária: O armazenamento secundário de um computador, também conhecido como armazenamento auxiliar, é utilizado para tratar das limitações do armazenamento primário. Ou seja, complementa a limitada capacidade de armazenamento e a característica volátil do armazenamento primário. Isto porque o armazenamento secundário é muito mais barato do que o armazenamento primário e pode reter informação mesmo quando um computador se desliga, reiniciando. O armazenamento secundário armazena as instruções do programa, os dados e a informação dos trabalhos em que o sistema informático não funciona actualmente, mas que necessitam de ser armazenados para processamento posterior. O disco magnético é o meio de armazenamento secundário mais comummente utilizado.

3.5   UNIDADE CENTRAL DE PROCESSAMENTO (CPU):

A Unidade de Lógica Aritmética (UAL) e a Unidade de Controlo (UC) de um sistema informático são conhecidas em conjunto como Unidade Central de Processamento (CPU). A CPU é o cérebro do sistema informático. No sistema informático, todos os principais cálculos e comparações ocorrem dentro da CPU, sendo esta responsável por activar e controlar as operações ou outras unidades do sistema informático.

Unidade de Lógica Aritmética (UAL): Unidade de Lógica Aritmética (UAL) de um sistema informático é o local onde a execução efectiva das instruções ocorre durante as operações de processamento. Para ser mais utilizado, os cálculos são efectuados e todas as comparações (decisões) são feitas na UTA. Os dados e instruções armazenados na memória primária antes do processamento são transferidos, se e quando necessário, para a UTA onde o processamento tem lugar. Os resultados intermédios gerados na UTA são temporariamente transferidos de novo para a memória primária até serem necessários mais tarde. Por conseguinte, os dados podem ser transferidos mais do armazenamento primário para a UTA e de novo para o armazenamento muitas vezes antes de o processamento terminar.

O tipo e o número de operações aritméticas e lógicas que um computador pode realizar é determinado pelo desenho de engenharia da sua ALU.

Unidade de Controlo (UCC): Como é que um dispositivo de entrada sabe que é altura de alimentar a unidade de armazenamento com dados? Como é que a UAL sabe o que deve ser feito com os dados após a sua recepção? Além disso, como é que apenas os resultados da saída são enviados para um dispositivo de saída e não o resultado intermédio? Tudo isto é possível devido à unidade de controlo (UAC) do sistema informático. Embora não efectue qualquer tratamento efectivo dos dados, a Unidade de Controlo funciona como um sistema nervoso central para outros componentes do sistema informático. Ela gere e coordena todo o sistema informático. Obtém instruções do programa armazenado na memória principal, interpreta as instruções e emite sinais que levam outras unidades do sistema a executá-las.

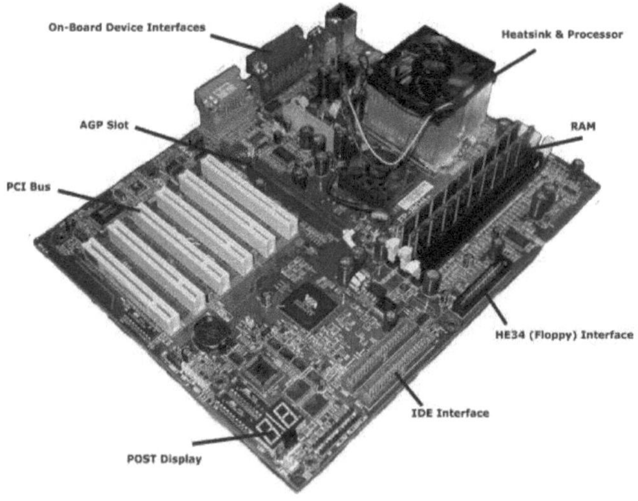

Figura 3.5: Mother Board

3.6 O CONCEITO DE SISTEMA:

Temos observado que nos temos referido aos computadores como um sistema (sistema informático). Qual pode ser a razão por detrás disto? Para saber a resposta, vamos primeiro compreender a definição de um sistema.

"Um sistema é um grupo de partes integradas que têm um propósito comum de alcançar algum(s) objectivo(s)".

Por conseguinte, um sistema deve ter as três características seguintes:

a) Deve ter mais do que um elemento.
b) Todos os elementos devem estar logicamente relacionados uns com os outros.
c) Todos os seus elementos devem ser controlados de forma a atingir o objectivo do sistema.

Uma vez que um computador é composto por componentes integrados (unidade de entrada, unidade de saída, unidade de armazenamento e CPU) que trabalham em conjunto para executar os passos exigidos num programa, trata-se de um sistema. A sua unidade de entrada e unidade de saída não podem funcionar até receberem o sinal da CPU. Do mesmo modo, a unidade de memória ou apenas a CPU não tem qualquer utilidade. Assim, a utilidade de cada unidade depende de outras unidades e só é realizável quando todas as unidades são colocadas juntas (integradas) para formar um sistema.

<u>PONTOS A LEMBRAR</u>

1. O funcionamento básico do computador é - Entrada, Armazenamento, Processamento, Saída e Controlo.
2. A introdução é o processamento da introdução de dados e instruções num sistema informático.
3. Armazenar é guardar dados e instruções para os tornar rapidamente disponíveis para processamento inicial ou adicional, conforme e quando necessário.
4. O processamento é uma operação aritmética (adicionar, subtrair, multiplicar, dividir, etc.), ou operações lógicas (comparações iguais a, inferiores a, superiores a, etc.) sobre dados para os converter em informação útil.
5. A saída é um processo de produção de informações ou resultados úteis para um utilizador, como um relatório impresso ou uma apresentação visual.
6. O controlo está a orientar a forma e a sequência em que as operações acima referidas são realizadas.
7. O armazenamento primário (também conhecido como *memória principal*) é utilizado para guardar as instruções e os dados do programa, os resultados intermédios do processamento e, recentemente, produziu resultados desses trabalhos.

8. O armazenamento secundário de um computador, também conhecido como armazenamento auxiliar, é utilizado para tratar das limitações do armazenamento primário.
9. Um sistema é um grupo de partes integradas que têm um propósito comum de alcançar algum(s) objectivo(s).

PERGUNTAS:

1. Quais são as operações básicas realizadas por qualquer sistema informático?
2. Desenhe um diagrama de blocos para ilustrar a organização básica de um sistema informático e explicar a função de várias unidades.
3. O que é uma interface de entrada? Como é diferente da interface de saída?
4. Quantos tipos de armazenagem existem normalmente na unidade de armazenagem?
5. Diferenciar entre as características de armazenamento primário e secundário de um sistema informático.
6. Quais são os componentes básicos da CPU de um sistema informático? Descreva o papel de cada componente.
7. O que é um sistema? Porque é que um computador é frequentemente referido como um sistema informático?

CAPÍTULO - 4
DISPOSITIVOS DE ENTRADA - SAÍDA

4.1   INTRODUÇÃO AOS DISPOSITIVOS DE ENTRADA - SAÍDA:

Os dispositivos de entrada - saída (*dispositivos de E/S* abreviados) permitem a um sistema informático comunicar com o seu ambiente externo (o seu utilizador). São também conhecidos por *"dispositivos periféricos"*. Os dispositivos de entrada são utilizados para introduzir dados do mundo exterior no armazenamento primário e os dispositivos de saída fornecem aos utilizadores o resultado do processamento a partir do armazenamento primário. A figura 4.1 mostra a única de dispositivos de E/S de um sistema informático.

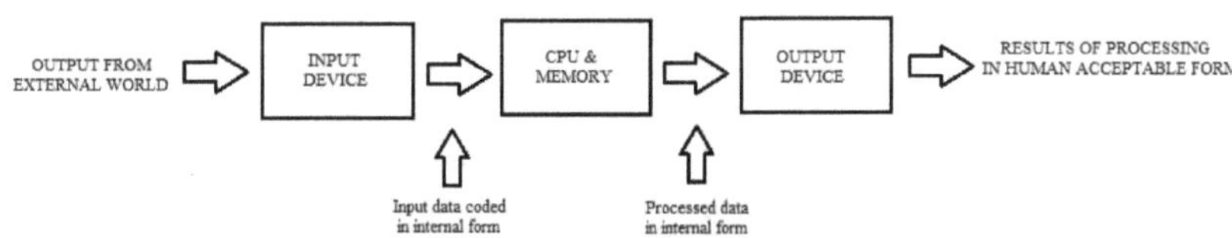

Figura 4.1: Papel dos dispositivos de E/S num sistema informático

É importante notar que a velocidade dos dispositivos de E/S é muito lenta em comparação com a velocidade do armazenamento primário e da CPU. Isto porque a sua velocidade, na maioria dos casos, depende do movimento das partes mecânicas e o potencial de melhoria da velocidade dessas partes é limitado.

4.2   DISPOSITIVOS DE ENTRADA:

Um dispositivo de entrada é um dispositivo electromecânico que aceita dados do mundo exterior e os traduz para uma forma que um computador pode interpretar. Vários dispositivos de entrada estão disponíveis hoje em dia. Podem ser classificados, em termos gerais, nas seguintes categorias:

1. Dispositivos do teclado
2. Dispositivos de ponto - e - tracção
3. Dispositivos de digitalização de dados
4. Digitalizador
5. Dispositivos baseados em cartões electrónicos
6. Dispositivos de reconhecimento da fala
7. Dispositivos baseados na visão

1. __DISPOSITIVOS DE TECLADO:__ **Os** dispositivos de teclado são os dispositivos de entrada mais utilizados actualmente. Permitem a entrada de dados no sistema informático premindo um conjunto de teclas (botões etiquetados) montadas ordenadamente num teclado ligado a um sistema informático. O teclado mais utilizado hoje em dia é o teclado 101 - teclas QWERTY.

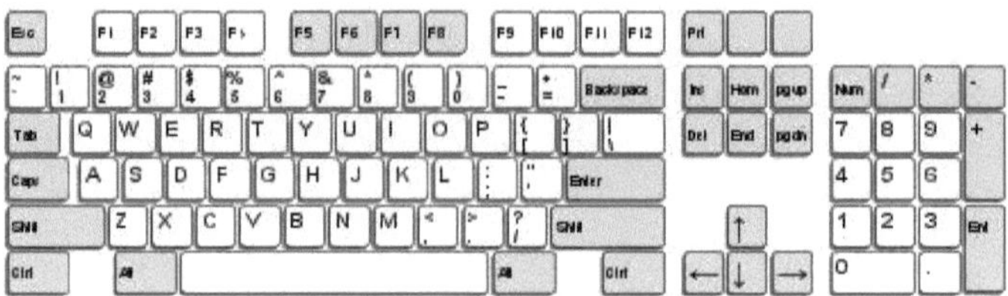

Figura 4.2: 101 - Teclado QWERTY

2. __E - DISPOSITIVOS DE TRACÇÃO:__ Inicialmente, a interacção com o computador restringia-se apenas ao modo texto. Depois, foi alterado um novo tipo de interface com o utilizador, chamado "Graphical User Interface" (GUI), a interacção com o computador. Uma GUI fornece o ecrã com ícones gráficos (pequenas imagens no ecrã) ou menus e permite que um utilizador faça rápidas selecções dos mesmos para dar instruções a um computador.

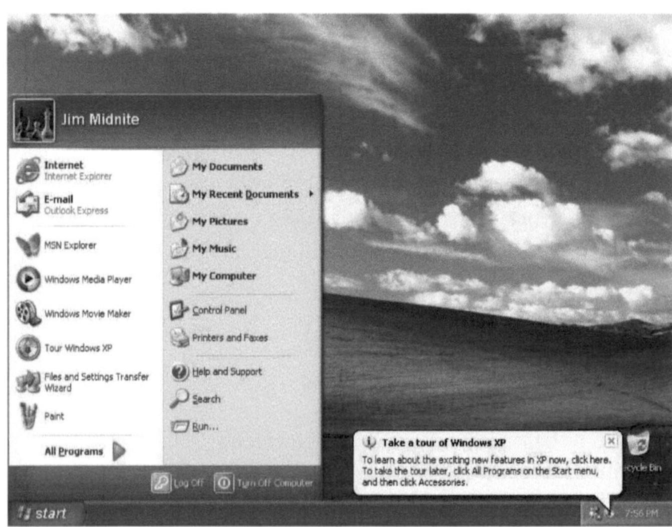

<u>Figura 4.3 (a) Uma GUI do Microsoft Windows Desktop (XP)</u>

Para uma utilização eficiente, o GUI requer um dispositivo de entrada que possa ser utilizado para apontar e seleccionar rapidamente um ícone gráfico ou item de menu a partir das múltiplas opções apresentadas no ecrã. O teclado, apesar de utilizável, foi considerado conveniente e inadequado para este requisito. Assim, para satisfazer este requisito deu origem a vários dispositivos de entrada (rato, trackball, joystick, caneta electrónica, ecrã táctil). Com esta nova capacidade, estes dispositivos passaram a ser conhecidos como point - e - draw devices tornaram o computador uma ferramenta muito mais fácil de utilizar, estabelecendo-os como uma ferramenta versátil para um vasto leque de utilizadores. Alguns dos dispositivos de ponto - e - desenhar são:

- Mouse
- Bola de atletismo
- Joystick
- Caneta electrónica
- Ecrã táctil

Rato: Rato é o ponto mais popular - e - dispositivo de desenho. É um dispositivo de entrada obrigatória nos computadores pessoais e estações de trabalho modernos porque suportam GUI como sua interface primária de utilizador. Um rato é um pequeno dispositivo de mão - segurado que cabe confortavelmente na palma da mão do utilizador. Ele rola sobre um pequeno rolamento e tem um ou mais botões na parte superior. Quando o mouse que está conectado a um terminal do usuário é rolado em uma superfície plana, um cursor gráfico se move na tela do terminal na direção do movimento do mouse. Uma vez que todos os movimentos do rato são reproduzidos pelo cursor do gráfico no ecrã, pode mover o cursor do gráfico num item de menu ou num ícone movendo o rato.

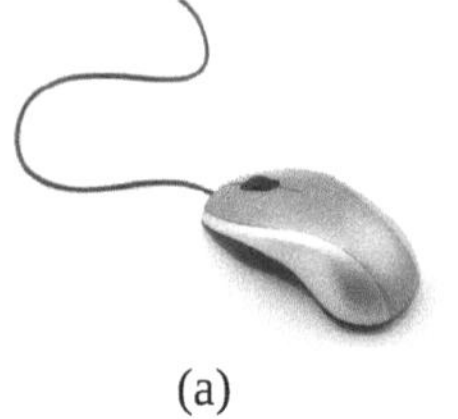

(a)

(b)

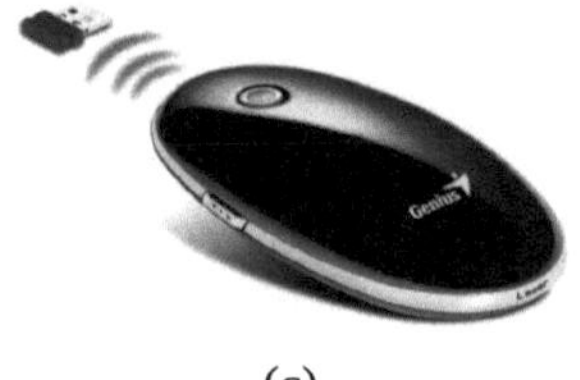

(c)

Figura 4.4(a): Rato de Bola (b): Rato Óptico (c): Rato sem fios

O cursor gráfico é apresentado como uma variedade de símbolos, como uma seta (↖), e muitos mais. Dependendo da aplicação, o cursor do texto e do gráfico pode ser apresentado no ecrã ao mesmo tempo. Com um software adequado, também pode ser utilizado um rato para desenhar imagens no ecrã e editar texto.

O rato roller-ball está agora a ser substituído por um rato baseado em sensores ópticos. O rato com sensor óptico tem uma fonte de luz com um sensor disposto de tal forma que a luz proveniente da fonte é detectada pelo sensor após reflexão a partir da superfície. A electrónica a bordo do rato utiliza as diferenças de reflexão para calcular a direcção, a velocidade e o movimento e notifica o sistema informático. O rato do sensor óptico é mais sensível, mais fácil e mais suave de utilizar.

Track Ball: Uma Track Ball é um dispositivo apontador semelhante a um rato roller - ball. Tem um rolo - bola no topo, juntamente com os botões. Recorde que num rato roller - ball o roller - ball é colocado na base do rato. Para mover o cursor gráfico sobre a tela a bola é rolada com a mão. Como não é necessário mover todo o dispositivo para mover o cursor gráfico, uma bola de pista requer menos espaço do que o rato para funcionar e está muitas vezes presa a um teclado incorporado. As bolas de pista incorporadas no teclado são normalmente utilizadas em computadores portáteis (notebooks). Como a bola é fixada na parte superior, algumas pessoas pensam que uma trackball é um rato de cabeça para baixo.

O Trackball vem em várias formas e formas com a mesma funcionalidade. Três formas normalmente utilizadas são uma bola, um botão, e um quadrado. O Trackball é um dispositivo de eleição na área de CAD / CAM (Computer Aided Design / Computer Aided Manufacturing). Na concepção do trackball é preferível porque o movimento das mãos é, na sua maioria, suficiente para mover o cursor gráfico e não requer qualquer movimento do equipamento. Isto facilita o trabalho dos designers em grandes desenhos e é mais adequado ao seu estilo de trabalho.

(a)   (b)

Figura 4.5 (a) & (b): Uma Trackball

Joystick: Um Joystick é um dispositivo apontador que funciona com o mesmo princípio que uma trackball. Para facilitar o movimento da bola especial, é colocado numa tomada com um stick montado nela.

Figura 4.6: Um Joystick

Um utilizador move a bola esférica com a sua mão, ao lado do bastão que a acompanha. O bastão pode ser movido para a frente ou para trás, para a esquerda ou para a direita, para mover e posicionar o cursor gráfico na posição desejada. Os potenciómetros são utilizados para detectar os movimentos. Os usos típicos de um joystick incluem jogos de vídeo, simuladores de voo e controlo remoto de robôs industriais.

Caneta electrónica: É uma caneta - ponto base - e - dispositivo de desenho. Um utilizador segura a caneta na sua mão e aponta com ela directamente no ecrã para seleccionar a partir do item de menu ou ícone apresentado. O utilizador também pode desenhar gráficos directamente no ecrã com a caneta. Outro tipo de caneta electrónica vem com uma almofada especial. A caneta é usada no tapete como uma caneta de tinta-da-china em papel. O movimento da caneta electrónica faz com que o cursor gráfico no ecrã se mova. Aplicar pressão na ponta causa a mesma acção que um clique do botão esquerdo e manter a ponta pressionada durante uma curta duração causa a mesma acção que um clique do botão direito do rato. Algumas canetas electrónicas têm um botão de lado que é pressionado para causar a mesma acção que um clique com o botão direito do rato.

Figura 4.7: Caneta electrónica

Ecrã Táctil: O ecrã táctil é o mais simples, intuitivo e fácil de utilizar de todos os dispositivos de entrada. Um ecrã táctil permite a uma utilização escolher entre as opções disponíveis, bastando para isso tocar com o dedo no ícone ou item de menu pretendido apresentado no ecrã de um computador.

O ecrã táctil é frequentemente utilizado em quiosques de informação. Um quiosque de informação é um sistema sem vigilância localizado no interesse público e permite que pessoas comuns tenham acesso à informação armazenada de acordo com as suas necessidades. Por exemplo, os quiosques de informação podem estar localizados em:

a) Um aeroporto ou uma estação ferroviária para fornecer informações sobre aviões ou caminhos-de-ferro.
b) Em grandes museus ou jardins zoológicos para orientar os visitantes.
c) Em grandes bancos, correios, etc., para introduzir os vários tipos de serviços oferecidos aos clientes.

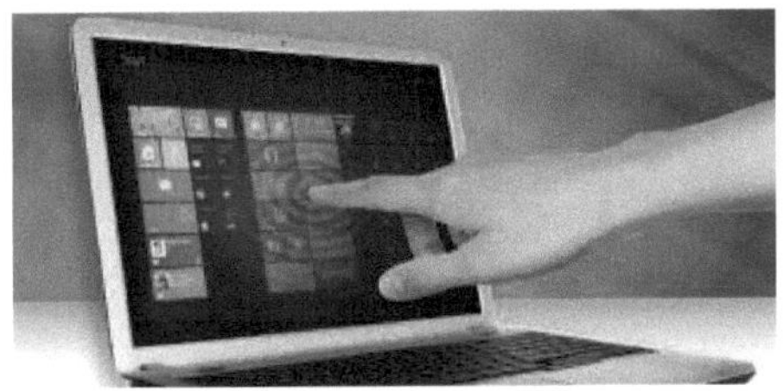

Figura 4.8: Ecrã táctil

3. DISPOSITIVOS DE DIGITALIZAÇÃO DE DADOS: Dispositivos de digitalização de dados utilizados para a introdução directa de dados num sistema informático a partir do documento de origem. Estes dispositivos têm as seguintes características:

a) Elimina a necessidade de introdução manual de dados.
b) A introdução automática de dados com a sua utilização melhora a exactidão dos dados e aumenta a actualidade da informação processada.
c) Exigem uma elevada qualidade dos documentos introduzidos devido à introdução directa de dados.
d) A concepção dos formulários e a especificação da tinta torna-se normalmente mais crítica com a utilização destes dispositivos do que quando são utilizados dispositivos de teclado para introduzir os dados dos formulários.

Alguns dos dispositivos de digitalização de dados são:

- Scanner de Imagem.
- Dispositivo de Reconhecimento Óptico de Caracteres (OCR).
- Leitor de Marca Óptica.
- Leitor de código de barras.
- Magnético - Reconhecimento de Caracteres de Tinta (MICR)

Scanner de Imagem: O scanner de imagem é um dispositivo de entrada que traduz documentos em papel para um formato electrónico que pode ser armazenado num computador. Este dispositivo de entrada é considerado muito útil na preservação de documentos em papel em formato electrónico. As imagens armazenadas podem até ser alteradas e manipuladas de formas interessantes, se o computador possuir software de processamento de imagem.

Existem dois tipos de dispositivos de digitalização de imagens. Estes são:

a) Scanner de mesa plana.
b) Scanner de mão.

Scanner de mesa plana: É como uma fotocopiadora que consiste numa caixa com uma placa de vidro na sua parte superior e uma tampa que cobre a placa de vidro. Um documento a digitalizar é colocado de cabeça para baixo sobre a placa de vidro. Uma fonte de luz, situada abaixo da placa de vidro, desloca-se horizontalmente de uma extremidade para a outra quando é activada. Depois de digitalizar uma linha, o feixe de luz sobe um pouco e digitaliza as linhas seguintes. São necessários cerca de 20 segundos para digitalizar um documento de 21 cm X 28 cm.

Figura 4.9: Scanner de mesa plana

Scanner de mão: Um scanner de mão tem um conjunto de díodos emissores de luz encaixados numa pequena caixa que pode ser segurada com uma mão. Para digitalizar um documento, o scanner é arrastado lentamente sobre ele de uma ponta à outra com a luz acesa. O scanner tem de ser arrastado muito firme e cuidadosamente, caso contrário, a conversão do documento no seu mapa de bits equivalente não será correcta. Por este motivo, os dispositivos portáteis só são utilizados nos casos em que não é necessária uma precisão elevada.

Figura 4.10: Um scanner portátil

Dispositivo de Reconhecimento Óptico de Caracteres (ORC): A tecnologia OCR é utilizada para superar as seguintes limitações do scanner de imagem:

- O documento digitalizado pelo scanner de imagem é armazenado como uma imagem, em vez de texto; não é possível fazer qualquer processamento de texto do documento.
- O espaço de armazenamento necessário para armazenar o documento como imagem é muito mais do que o necessário para armazenar o mesmo documento que o texto.

No caso acima, o Scanner está equipado com um software de reconhecimento de caracteres (chamado software OCR), que converte a imagem do bitmap em caracteres para códigos ASCII equivalentes. Ou seja, o scanner cria primeiro a imagem bitmap do documento e depois o software de OCR traduz o conjunto de pontos de grelha em texto ASCII que o computador pode interpretar como letras, números e caracteres especiais.

Figura 4.11: Um dispositivo de OCR

Dispositivo Leitor de Marca Óptica: Estes scanners são capazes de reconhecer um tipo pré -especificado de marca feita a lápis ou caneta. Por exemplo: Folhas OMR utilizadas para preencher formulários de exame, perguntas de tipo objectivo - respostas, etc.

A técnica utilizada por um dispositivo OMR para o reconhecimento de marcas implica focar uma luz na página que está a ser digitalizada e detectar o padrão de luz reflectida a partir das marcas.

Figura 4.12: Dispositivo OMR

Dispositivo leitor de código de barras: Os dados codificados sob a forma de pequenas linhas são conhecidos como códigos de barras. O código de barras representa dados alfanuméricos através de uma combinação de linhas verticais adjacentes (barras), variando a sua largura e o espaçamento entre elas. São utilizados especialmente para a identificação única de todos os tipos de mercadorias, livros, encomendas postais, etc.

Um leitor de código de barras é um dispositivo utilizado para a leitura de dados de código de barras. Pode ser manual - de mão, ou incorporado num scanner estacionário. Ele digitaliza a imagem - código de barras e converte-a num valor alfanumérico que é depois introduzido num computador ligado a um leitor de código de barras.

Bar - leitor de código utiliza tecnologia laser - feixe.

Figura 4.13: Barra - Dispositivo leitor de código

Magnético - Dispositivo de Reconhecimento de Caracteres de Tinta (MICR): A MICR é semelhante ao OCR. É utilizado pela indústria bancária para o processamento mais rápido de um maior volume de cheques. A tecnologia MICR acelera a entrada de dados para a indústria bancária porque os cheques podem ser alimentados directamente no dispositivo de entrada e processados posteriormente. Para além de permitir um processamento mais rápido dos cheques, esta tecnologia também garante a precisão da introdução de dados, uma vez que a maior parte da informação é pré - impressa no cheque e é introduzida directamente no computador.

Figura 4.14: Um dispositivo MICR

4.   DIGITALIZADOR: É um dispositivo de entrada utilizado para converter imagens, mapas e desenhos em formato digital para armazenamento em computador.

Um digitalizador consiste num comprimido digitalizador (comprimido gráfico) associado ao estilete. Uma pastilha digitalizadora é uma superfície plana que contém centenas de fios de cobre finos formando uma grelha. Cada fio de cobre recebe vómitos eléctricos. A pastilha digitalizadora pode ser espalhada sobre uma pastilha de trabalho e é ligada a um computador. Um stylus como uma caneta ou lente - como um cursor com uma cruz de cabelo e um botão. É ligado à pastilha e pode ser pressionado num ponto da pastilha para introduzir as coordenadas x, y - do ponto. Ao mover o stylus no comprimido, um cursor no ecrã do computador move-se simultaneamente para uma posição correspondente no ecrã para fornecer feedback visual ao operador. Isto permite ao operador desenhar esboços directamente ou introduzir desenhos desenhados muito facilmente. O digitalizador é normalmente utilizado na área de desenho assistido por computador (CAD) por arquitectos e engenheiros para desenhar automóveis, edifícios, dispositivos médicos, robôs, etc.

Figura 4.15: Um digitalizador

5.   **LEITOR ELECTRÓNICO DE CARTÕES: Os** cartões electrónicos e os leitores associados oferecem outro meio de introdução directa de dados num sistema informático. Os cartões electrónicos são pequenos cartões de plástico com dados codificados adequados à aplicação para a qual são utilizados. Os cartões electrónicos são frequentemente emitidos pelos bancos aos seus clientes para utilização com "caixas automáticos" (ATM). Um ATM permite aos clientes depositar ou levantar dinheiro 24 horas por dia, sem necessidade de interagir com o banco.

Figura 4.16: Leitor de cartões electrónicos

6. <u>DISPOSITIVO DE RECONHECIMENTO DA FALA</u>: Os dispositivos de reconhecimento da fala são os dispositivos que permitem a uma pessoa introduzir dados num sistema informático falando com ele. Por conseguinte, tornam o computador muito mais fácil de utilizar. No entanto, como dispositivo de introdução de dados, o actual sistema de reconhecimento de voz tem um êxito limitado, porque a interpretação actual por uma máquina do grande número de palavras de um vocabulário de uma língua é difícil. Os sistemas de reconhecimento da fala já são utilizados para uma vasta gama de aplicações. Algumas das suas aplicações são:

- Para introdução de dados por ditado de texto longo ou passagem para posterior edição e revisão.
- Para autenticação de um utilizador por um sistema informático baseado na introdução da fala.
- Para uma utilização limitada de computadores por indivíduos com deficiências físicas.

Para além de facilitar a introdução de dados, o sistema de reconhecimento de voz também proporciona liberdade de movimento ao operador, uma vez que este é livre de se levantar, circular ou fazer algum outro trabalho à mão enquanto introduz dados de voz no sistema.

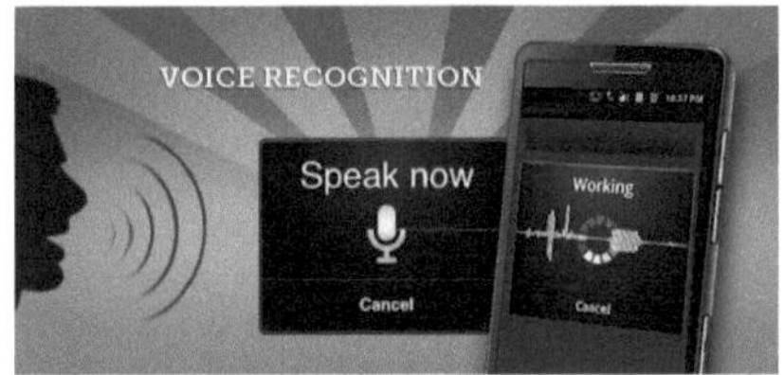

Figura 4.17: Dispositivo de reconhecimento da fala

7. <u>VISION INPUT SYSTEM</u>: A Vision - sistema de entrada de dados permite que um computador aceite a entrada vendo um objecto. Os dados introduzidos neste caso são normalmente a forma e as características de um objecto sob a forma de uma imagem. A ideia é simular as capacidades de um sistema de visão humana num sentido limitado.

Um computador com um dispositivo de visão - entrada consiste numa câmara digital. São tomadas as seguintes medidas para reconhecer um determinado objecto:

- A câmara está focada no objecto de entrada para tirar a sua fotografia.
- A câmara cria uma imagem do objecto em formato digital, para que possa ser interpretada e armazenada por computador.
- A imagem digitalizada do objecto é comparada com as imagens pré-armazenadas de forma semelhante na base de dados de imagens do computador.
- Dependendo de se encontrar ou não uma correspondência, o sistema toma as medidas adequadas.

Os dispositivos de visão são utilizados principalmente em fábricas para a concepção de robôs industriais utilizados no controlo de qualidade e no processo de montagem.

Figura 4.18 Sistema de entrada de visão

4.3 <u>DISPOSITIVOS DE SAÍDA:</u>

Um dispositivo de saída é um dispositivo electromecânico que aceita dados de um computador e os traduz para uma forma adequada para utilização pelo mundo exterior (ou utilizadores). Existem vários dispositivos de saída disponíveis na vida actual. Alguns deles estão listados abaixo:

1. Monitores.
2. Impressoras.
3. Plotters.
4. Projectores de imagem de ecrã.
5. Sistema de resposta por voz.

A produção gerada por um dispositivo de saída é classificada em duas categorias:

a) Produção de cópias em papel.
b) Saída em papel.

Saída de cópia suave: Uma saída de cópia suave não é produzida em papel ou algum material que possa tocar e ser transportado para ser mostrado a outros.

Saída de cópias impressas: Uma cópia impressa é produzida numa paleta ou em algum material que pode ser tocado ou transportado para ser mostrado a outros.

1.   MONITORES: Monitora os dispositivos de saída mais populares utilizados hoje em dia para a produção de cópias em papel. Apresenta a saída gerada num ecrã de televisão, chamado monitor. Um monitor associado ao teclado e juntos formam uma *'Visual Display Unit'* (VDU). Uma VDU é o dispositivo de I/O mais comum utilizado com os computadores actuais.

Actualmente, são utilizados dois tipos básicos de monitores:

* Monitores CRT (*Cathode Ray Tube*).
* Monitores LCD (*Liquid Crystal Display*).

Monitores CRT: Os monitores CRT funcionam muito como um ecrã de televisão e são utilizados com sistemas informáticos não portáveis.

Figura 4.19: Monitores CRT

Monitores LCD: Monitores LCD também conhecidos como "monitores de ecrã plano". Os monitores LCD são mais finos, mais leves e são normalmente utilizados com computadores portáteis, como os portáteis notebooks.

Figura 4.20: Monitores LCD

2. IMPRESSORAS: As impressoras são os dispositivos de saída mais populares utilizados actualmente para produzir cópias impressas. Existem diferentes tipos de impressoras disponíveis. Algumas delas são descritas como:

a) Impressora matricial de pontos.
b) Impressora a jacto de tinta.
c) Impressora de tambores.
d) Impressora de cadeia/banda.
e) Impressora laser.

Impressora matricial de pontos: As impressoras matriciais de pontos são impressoras de caracteres que imprimem um carácter de cada vez. Elas formam caracteres e todo o tipo de imagens como padrões de pontos.

Uma impressora matricial de pontos tem uma cabeça de impressão que se desloca horizontalmente (da esquerda para a direita e da direita para a esquerda) através do papel. A cabeça de impressão contém uma matriz ou pinos que podem ser activados independentemente um do outro para se estenderem e baterem contra uma fita de tinta para formar padrões de pontos no papel. Para imprimir um carácter, a impressora activa o conjunto apropriado de pinos à medida que a cabeça de impressão se desloca horizontalmente.

As impressoras matriciais de pontos são impressoras de impacto porque imprimem martelando os pinos na fita de tinta para deixar impressão de tinta num papel. Assim, podem ser utilizadas para produzir múltiplas cópias utilizando papel químico ou equivalente. Devido à impressão por impacto, as impressoras matriciais de pontos são ruidosas em comparação com as impressoras sem impacto.

As impressoras matriciais são normalmente lentas, com velocidades de impressão que variam entre 30 e 600 caracteres por segundo. Contudo, são baratas tanto em termos de custo inicial como em termos de custos de funcionamento.

Figura 4.21 (a): Impressora matricial de pontos

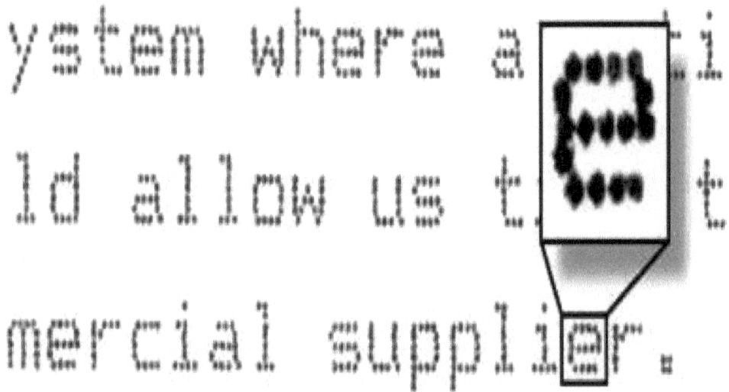

Figura 4.21 (b): Saída da impressora matricial Dot

<u>Impressora a jacto de tinta</u>: As impressoras de jacto de tinta são impressoras de caracteres que formam caracteres e todo o tipo de imagens através da pulverização de pequenas gotas de tinta no papel. A cabeça de impressão de uma impressora de jacto de tinta contém até 64 pequenos bicos que podem ser aquecidos selectivamente em poucos microssegundos por uma resistência de circuito integrado. Quando a resistência aquece, a tinta perto dela vaporiza e é ejectada através do bocal fazendo um ponto no papel em frente da cabeça de impressão.

A impressora de jacto de tinta proporciona uma saída de maior qualidade do que a impressora matricial, porque formam caracteres por pontos de tinta muito pequenos. As impressoras de jacto de tinta não são impressoras de impacto, porque imprimem por pulverização no papel. Por isso, elas são desistentes em operações.

Uma impressora a jacto de tinta a cores vem normalmente com dois cartuchos de tinta - preto e tri - a cores. O cartucho Tri - cor contém as cores "vermelho", "azul" e "amarelo" numa embalagem que pode misturar uma quantidade apropriada destas cores com o preto do outro cartucho para obter qualquer cor desejada. As impressoras de jacto de tinta são mais lentas do que as impressoras matriciais com uma velocidade de impressão que varia entre 4. - 300 caracteres por segundo.

Figura 4.22: Impressoras de jacto de tinta

Impressora de tambores: Impressoras de tambor são impressoras de linha que imprimem linha inteira de cada vez. Contém um tambor cilíndrico sólido com caracteres gravados na sua superfície sob a forma de bandas circulares. Cada banda consiste em todos os caracteres de impressão suportados pelas impressoras nos seus conjuntos de caracteres. O número total de bandas é igual ao número máximo de caracteres que podem ser impressos numa linha.

Para além do tambor, a impressora tem um conjunto de martelos montados em frente do tambor, de modo a que uma fita tintada e papel possa ser colocada entre os martelos e o tambor. O número total de martelos é igual ao número total de bandas no tambor.

O tambor gira a uma velocidade muito elevada. Um carácter é impresso na posição de impressão desejada, activando o martelo apropriado quando o carácter gravado na banda, na posição de impressão, passa por baixo dela. Assim, o tambor teria de completar uma volta completa para imprimir cada linha de saída. A velocidade de impressão das impressoras de tambor é da ordem das 3000 a 2000 linhas por minuto.

Figura 4.23: Impressora de tambor

Impressora de corrente/banda: As impressoras de corrente/banda são impressoras de linha que imprimem uma linha de cada vez. É constituída por uma cadeia / banda metálica na qual todos os caracteres do conjunto de caracteres suportados pela impressora são gravados. A fim de aumentar a velocidade de impressão, os caracteres do conjunto de caracteres são gravados várias vezes na cadeia/banda.

A impressora tem um conjunto de martelos montados em frente da corrente/banda de forma a que uma fita de tinta e papel possa ser colocada entre o martelo e a corrente/banda. O número total de martelos é igual ao número total da posição de impressão. A corrente/banda gira a uma velocidade elevada. Um carácter é impresso na posição de impressão desejada, activando o martelo apropriado quando o carácter gravado na corrente/banda passa por baixo dela. Como o conjunto de caracteres é repetido várias vezes na cadeia/banda, não é necessário esperar que a cadeia/banda faça uma revolução completa para posicionar o carácter desejado na posição de impressão correcta.

Figura 2.24: Impressora de corrente / banda

Impressora laser: Impressoras laser são impressoras de páginas que imprimem páginas de cada vez. Os principais componentes da impressora laser são a fonte do feixe laser, um espelho multi-faces, um tambor fotocondutor e o toner (pequenas partículas de tinta de carga oposta). Para imprimir uma página, o feixe laser é focado no tambor electro-estaticamente carregado pelo espelho multi-faces giratório. O espelho foca o feixe laser na superfície do tambor de forma a criar os padrões de imagem/carácter a serem impressos na página. Como o tambor é fotocondutor, é criada uma diferença de carga eléctrica nas partes da superfície do tambor que são expostas ao feixe laser. Como resultado, o toner, composto por partículas de tinta carregadas de forma oposta, cola-se ao tambor no local onde o raio laser carregou a superfície do tambor. O toner é então focalizado permanentemente no papel com calor e pressão para gerar a saída impressa. O tambor é então rodado e limpo com uma lâmina de borracha para remover o toner colado à sua superfície e preparar o tambor para a impressão da página seguinte. As impressoras laser são mais rápidas na velocidade de impressão do que outras impressoras discutidas acima. As impressoras laser de baixa velocidade podem imprimir de 4 a 12 páginas por minuto.

Figura 4.25: Impressora laser

3. PLOTTERS: Muitos engenheiros conceberam aplicações como o plano arquitectónico de um edifício, a concepção da componente mecânica de um avião ou de um carro, etc., muitas vezes exigiam uma elevada qualidade e uma produção gráfica perfeitamente proporcional em grandes folhas. Os vários tipos de impressoras discutidos acima não são adequados para este fim. Um tipo especial de dispositivo de saída, chamado "plotters", é utilizado para este fim. Os plotters são dispositivos de saída ideal para arquitectos, engenheiros, urbanistas, etc.

Existem dois tipos de plotters normalmente utilizados. São eles:

- Drum plotter.
- Plotter de cama plana.

<u>Drum Plotter</u>: Num plotter de tambor, o papel sobre o qual o desenho deve ser feito é colocado sobre um tambor que pode rodar tanto no sentido dos ponteiros do relógio como no sentido contrário, para produzir um movimento vertical. O mecanismo é também constituído por um ou mais porta-bandejas montados perpendicularmente à superfície do tambor. A(s) caneta(s) fixada(s) no(s) suporte(s) pode(m) mover-se da esquerda para a direita ou da direita para a esquerda para produzir um movimento horizontal. Um programa de plotting gráfico controla o movimento do tambor e da(s) caneta(s). Ou seja, sob controlo informático, o tambor e a(s) caneta(s) movem-se simultaneamente para desenhar desenhos e gráficos sobre a folha colocada no tambor.

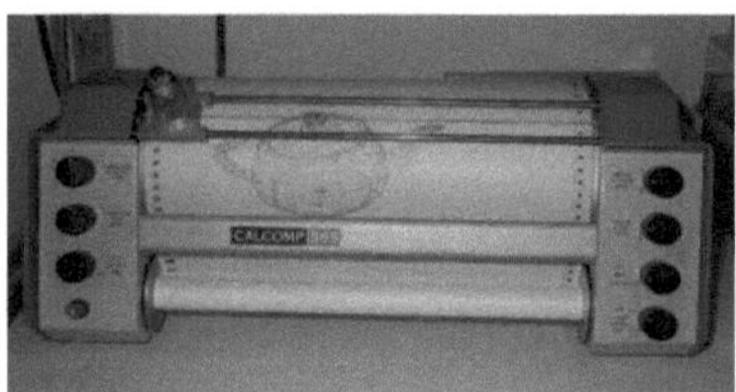

Figura 4.26: Plotter de tambor

<u>Plotter de cama plana</u>: Um plotter de cama plana traça um desenho ou gráfico sobre uma folha de papel espalhada sobre uma mesa de cama plana rectangular. Neste tipo de plotter, normalmente o papel não se move e o mecanismo de suporte da caneta proporciona todos os tipos de movimento necessários para desenhar desenhos e gráficos complexos. Ou seja, sob controlo informático, a(s) caneta(s) move-se(m) da forma necessária para desenhar desenhos e gráficos na folha colocada sobre a mesa de mesa plana.

Figura 4.27: Traçador de parcelas planas

4. **SCREEN IMAGE PROJECTOR:** Projetor de imagem de tela é um dispositivo de saída utilizado para projetar informações do computador em uma tela grande, para que um grupo de pessoas possa visualizá-la simultaneamente. É muito útil para fazer apresentações de um grupo de pessoas com uso directo do computador.

Antes de um dispositivo de saída deste tipo estar disponível, o conteúdo de uma apresentação era preparado utilizando um computador. O material de apresentação era então impresso numa impressora e a impressão era reproduzida a seguir como folhas de transparência sobre o projector de cabeça, utilizando uma fotocopiadora. Finalmente, a apresentação foi feita utilizando um retroprojector.

Figura 4.28: Projector de imagem de ecrã

5. **VOICE RESPONSE SYSTEM:** Um sistema de resposta de voz permite a um computador falar com um utilizador. Um sistema de resposta de voz tem um dispositivo de áudio - resposta que produz saída de áudio. Os sistemas de resposta de voz são de dois tipos:

- Sistema de Reprodução de Voz.
- Sintetiza o discurso.

Sistema de Reprodução de Voz: Uma saída áudio de sistema de reprodução de voz seleccionando uma saída áudio adequada a partir de um conjunto de respostas áudio pré-gravadas.

As gravações analógicas reais dos sons pré-gravados são primeiro convertidas em dados digitais e depois armazenadas no disco de um computador. Quando a saída áudio deve ser produzida, o computador selecciona o som adequado a partir dos conjuntos de sons por gravação. O som seleccionado é convertido de novo em analógico e depois encaminhado para um altifalante para produzir a saída de áudio.

Aplicação:

- Máquina ATM.
- Atendedores automáticos de chamadas.
- Relógio despertador falante.
- Brinquedos Falantes.

Sintetizador de Fala: Um sintetizador de voz converte informação de texto em frases faladas. Para produzir a fala, estes dispositivos combinam unidades de som chamadas "Phonemes". A partir de um determinado texto de informação, uma sequência de palavras é combinada em fonemas, amplificada e produzida através de um altifalante ligado a um sistema.

Aplicações:

- Leitura de informações de texto para invisuais.
- Por permitir que as pessoas que não podem falar comuniquem eficazmente.
- Para sistemas de tradução que convertem um texto introduzido em palavras faladas numa língua seleccionada.

PONTOS A LEMBRAR

1. Os dispositivos de entrada - saída (*dispositivos de E/S* abreviados) permitem a um sistema informático comunicar com o seu ambiente externo (o seu utilizador).
2. Os Dispositivos I/O são também conhecidos como Dispositivos Periféricos.
3. Um dispositivo de entrada é um dispositivo electromecânico que aceita dados do mundo exterior e os traduz para uma forma que um computador pode interpretar.
4. Os dispositivos de entrada podem ser amplamente classificados nas seguintes categorias - dispositivos de teclado, dispositivos de ponto - e - desenho, dispositivos de digitalização de dados, Digitalizador, dispositivos baseados em cartões electrónicos, dispositivos de reconhecimento da fala, dispositivos baseados na visão.
5. Um dispositivo de saída é um dispositivo electromecânico que aceita dados de um computador e os traduz para uma forma adequada para utilização pelo mundo exterior (ou utilizadores).
6. Há vários dispositivos de saída disponíveis na vida actual. Alguns deles são - Monitores, Impressoras, Plotters, Projectores de imagem de ecrã e Sistema de resposta por voz.
7. A saída gerada por um dispositivo de saída é classificada em duas categorias - saída de cópia suave e saída de cópia impressa.
8. Não se produz uma cópia em papel ou algum material que possa tocar e ser transportado para ser mostrado a outros.
9. Uma cópia impressa é produzida numa palete ou num material que pode ser tocado ou transportado para ser mostrado a outros.

PERGUNTAS:

1. Porque é que os dispositivos I/O são necessários para o computador?
2. Diferenciar entre os dispositivos de Entrada e Saída.
3. O que é um dispositivo de entrada? Descreva todos os dispositivos de entrada.
4. Por que razão os dispositivos de E/S são muito lentos em comparação com a velocidade do armazenamento primário e da CPU?
5. Escreva curto-circuito não ligado:
    - Mouse
    - Trackball
    - Joystick
    - Caneta electrónica

- Ecrã Táctil
- Quiosque de Informação

6. O que é um dispositivo de OCR?

7. O que é um dispositivo de saída? Nomear todos os dispositivos de saída normalmente utilizados?

8. Distinguir entre impressora de impacto e impressora sem impacto.

9. Escreva uma breve nota sobre o assunto:
- Impressoras
- Plotter
- Projector de imagem de ecrã
- Sistema de respostas de voz
- Monitores

CAPÍTULO - 5

DISPOSITIVOS DE PROCESSO, MEMÓRIA E ARMAZENAMENTO SECUNDÁRIO

5.1   <u>INTRODUÇÃO</u>:

Como discutido anteriormente, os principais componentes do sistema informático são também a entrada, saída, armazenamento e CPU, as unidades de armazenamento são de dois tipos - memória primária e secundária. Agora, vamos discutir mais sobre a estrutura interna e o funcionamento de vários componentes de um sistema informático.

5.2   <u>UNIDADE CENTRAL DE PROCESSAMENTO (CPU)</u>:

A Unidade Central de Processamento (também conhecida como *CPU*) é o cérebro do sistema informático. Todos os principais cálculos e comparações efectuados por um computador são efectuados dentro da sua CPU. A CPU é também responsável por activar e controlar as operações de outras unidades de um sistema informático. A CPU está subdividida nas seguintes categorias:

- Unidade de Controlo (UCC)
- Unidade de Lógica Aritmética (UAL)
- Conjunto de instruções.
- Registos
- Processadores

<u>Unidade de Controlo</u>: A Unidade de Controlo de uma CPU selecciona e interpreta as instruções do programa e depois coordena a sua execução. Tem alguns registos de propósito especial e descodificador para realizar estas actividades.

Embora a unidade de controlo não efectue qualquer processamento de dados, actua como o sistema nervoso central para todos os outros componentes do computador. Gere e coordena todo o sistema informático, incluindo as suas unidades de entrada e saída. Obtém instruções de um programa armazenado numa memória principal, interpreta as instruções e emite sinais que levam as outras unidades do sistema a executá-las.

67

<u>**Unidade de Lógica Aritmética (UAL)**</u>: Unidade de Lógica Aritmética (UAL): é o local onde a execução efectiva da instrução tem lugar durante a operação de processamento de dados. Quando a unidade de controlo encontra uma instrução que envolve uma operação aritmética (soma, subtracção, divisão, multiplicação, etc.) ou uma operação lógica (por exemplo, inferior, superior, etc.), passa o controlo para a UAL. A ALU tem alguns registos de propósito especial e circuitos necessários para realizar todas as operações aritméticas e lógicas incluídas no conjunto de instruções suportadas pela CPU.

"Quando toda a Unidade de Controlo (UC) e Unidade de Lógica Aritmética (UAL) são combinadas num único e minúsculo chip de silício, este é denominado microprocessador".

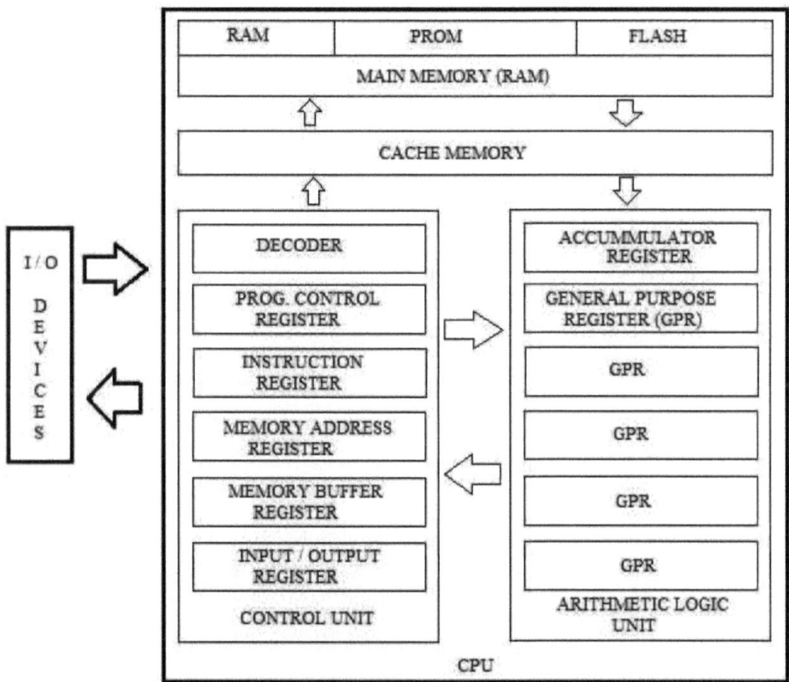

Figura 5.1: Arquitectura do processador e da memória de um sistema informático.

Conjunto de instruções: Cada CPU tem a capacidade de executar um conjunto de instruções da máquina chamado *"conjunto de instruções"*. A maioria das CPU tem 200 ou mais instruções (tais como ADD, SUBTRACT, etc.) no seu conjunto de instruções. A linguagem da máquina concebida para um processador (CPU) é baseada na lista de instruções suportadas pela CPU no seu conjunto de instruções. Uma vez que cada processador tem um conjunto de instruções único, o programa de linguagem de máquina escrito para um computador geralmente não será executado em outro computador com CPU diferente.

Registos: medida que as instruções são interpretadas e executadas pela CPU de um computador, há um movimento de informação entre várias unidades dos computadores. A fim de lidar com este processo e acelerar a taxa de transferência de informação. São utilizadas várias unidades especiais de memória chamadas "registos". Estes registos são utilizados para armazenar a informação numa base temporária e fazem parte da CPU (não da memória principal).

O comprimento de um registo é igual ao número de bits que ele pode armazenar. Assim, um registo que pode armazenar & bits é referido a um registo de 8 bits. A maioria dos CPU vendidos hoje em dia têm registos de 32 bits e 64 bits. Por vezes, o comprimento do registo de um computador denominado "tamanho da palavra". No entanto, o número de registos varia de computador para computador. Existem diferentes tipos de registos, alguns deles são:

- Registo de Endereços da Memória (MAR)
- Registo de memória tampão (MBR)
- Controlo de Programas (PC)
- Acumulador (A)
- Instrução (I)
- Entrada / Saída (I/P)

S. Não.	Nome do registo	Função
1	Endereço de memória	Guarda endereço para localização da memória activa
2	Tampão de Memória	Guarda informações no seu caminho de e para a memória.
3	Controlo do Programa	Endereço da próxima instrução a ser executada.
4	Acumulador	Acumular resultados e dados a serem operados.

| 5 | Instrução | Possui uma instrução enquanto está a ser executada. |
| 6 | Entrada / Saída | Comunicar com dispositivos de E/S |

Figura 5.2: Função de vários registos

Processador: Um Processador é o circuito lógico que responde e processa as instruções básicas que conduzem um computador. O termo processador substituiu geralmente o termo unidade central de processamento (CPU). O processador de um computador pessoal está incorporado num pequeno dispositivo é muitas vezes chamado microprocessador. Os processadores são classificados em diferentes formas, dependendo da sua arquitectura. Alguns deles são:

- Processador CISC
- Processador RISC
- Processador EPIC
- Processador Multicore

CISC - Complex Instruction Set Computers.

RISC - Reduced Instruction Set Computers (Computadores com Conjunto de Instruções Reduzidas).

EPIC - Explicitly Parallel Instruction Computing (Computação Explícita de Instrução Paralela).

A velocidade do processador é medida em "Megahertz" ou "Gigahertz" (hertz significa ciclo por segundo)

5.3   MEMÓRIA PRINCIPAL:

A memória principal refere-se à memória física que é interna ao computador. A palavra "principal" é utilizada para a distinguir de dispositivos externos de armazenamento em massa, tais como unidades de disco. Outro termo, para memória principal, é RAM (Random Access Memory).

O computador só pode manipular dados que se encontrem na memória principal. Por isso, todos os programas que vão ser executados ou arquivados, que vão ser acedidos, devem ser copiados do dispositivo de armazenamento para a memória principal. A quantidade de memória principal num computador é crucial porque determina quantos programas podem ser executados ao mesmo tempo e quanta informação pode estar prontamente disponível para um programa.

Uma vez que, muitas vezes, os computadores têm muito pouca memória principal para guardar todos os dados de que necessitam, os engenheiros informáticos inventaram uma técnica chamada "swapping", em que partes dos dados são copiadas para a memória principal à medida que são necessárias. A "troca" ocorre quando não há espaço na memória para os dados necessários. Quando uma parte dos dados é copiada para a memória, uma parte de igual tamanho é copiada (trocada) para criar espaço.

A taxa de recolha de dados da memória principal é cerca de 100 vezes mais rápida do que a de um disco de armazenamento de alta velocidade como o disco.

5.4   <u>CRITÉRIOS DE AVALIAÇÃO DA ARMAZENAGEM:</u>

Qualquer unidade de armazenamento de um sistema informático é caracterizada e avaliada com base na seguinte proporção:

- Capacidade de armazenamento
- Tempo de acesso
- Custo por bit de armazenamento
- Volatile
- Acesso Aleatório

<u>Capacidade de armazenamento</u>: É a quantidade de dados que pode ser armazenada na unidade de armazenamento. É desejada uma grande capacidade. Em comparação com as unidades de armazenamento secundárias, as unidades de armazenamento primárias têm menos capacidade de armazenamento.

<u>Tempo de acesso</u>: É o tempo necessário para localizar e recuperar os dados (armazenados) da unidade de armazenamento em resposta às instruções do programa. É preferível um tempo de acesso rápido. Em comparação com o dispositivo de armazenamento secundário, o dispositivo de armazenamento primário tem um tempo de acesso mais rápido.

<u>Custo por Bit de Armazenamento</u>: Refere-se ao custo de uma unidade de armazenamento para uma determinada capacidade de armazenamento, sendo desejável um custo inferior. Em comparação com as unidades de armazenagem secundárias, as unidades de armazenagem primárias têm um custo por bit de armazenagem mais elevado.

Volátil: Se a unidade de memória retém os dados nela armazenados, mesmo quando a energia é desligada ou interrompida, é denominada "memória não volátil". Por outro lado, se os dados armazenados se perderem quando a energia é desligada ou interrompida, chama-se "memória volátil". Em quase todos os sistemas informáticos, as unidades de memória primária são voláteis e as unidades de memória secundária são não voláteis.

Acesso Aleatório: Se o tempo necessário para aceder a um dado de uma unidade de memória for independente da localização dos dados na unidade de memória, chama-se "Random Access Storage" ou "Random Access Memory". Cada local da memória de acesso aleatório (RAM) é tão fácil de aceder como qualquer outro local e leva o mesmo tempo. Em quase todas as unidades de memória primárias do sistema informático têm propriedades de acesso aleatório e as unidades de memória secundárias têm propriedades de acesso pseudo-aleatória ou de acesso sequencial.

5.5   TIPOS DE MEMÓRIA PRINCIPAL:

A memória principal do sistema informático pode ser classificada nas seguintes categorias:

- RAM (Random Access Memory - Memória de Acesso Aleatório)
- ROM (Read Only Memory)
- PROM (ROM programável)
- EPROM (Erasable Programable ROM - ROM programável apagável)
- Memória Cache

RAM (Random Access Memory - Memória de Acesso Aleatório): A RAM é a memória volátil. Consiste em alguns circuitos integrados (IC) chips ou na placa-mãe ou numa pequena placa de circuitos ligada à placa-mãe. A placa-mãe de um computador foi concebida de forma a que a sua capacidade de memória possa ser facilmente aumentada através da adição de mais chips de memória. Os chips de RAM adicionais, que se ligam a tomadas especiais na placa principal, são conhecidos como *"módulos únicos de memória em linha (SIMMs)"*.

ROM (Read Only Memory): A ROM é um chip não volátil no qual os dados são armazenados permanentemente e não podem ser alterados por meio de programa. Os dados armazenados num chip de ROM só podem ser lidos e utilizados - não podem ser alterados. Esta é a razão pela qual se chama memória de leitura apenas (ROM). Como as ROM não são voláteis, os dados nelas armazenados não se perdem quando a energia é desligada. A ROM contém '*programas de inicialização do sistema*' nela.

PROM (ROM programável): Existem dois tipos de ROM - ROM *programável fabricada* e ROM *programável pelo utilizador*.
A ROM programada fabricada é aquela em que os dados são queimados pelo fabricante do equipamento electrónico. Por exemplo, impressoras.

A ROM programada pelo utilizador (também conhecida como PROM) é aquela em que o utilizador pode carregar e armazenar programas e dados "apenas leitura". A PROM é um armazenamento não volátil, ou seja, a informação armazenada permanece intacta, mesmo que a energia seja desligada ou interrompida.

EPROM (Erasable Programable ROM - ROM programável apagável): Uma vez armazenada a informação num chip ROM e PROM, esta não pode ser alterada. A ROM do programa apagável supera este problema. Na EPROM, é possível apagar a informação armazenada e pode ser reprogramada para armazenar nova informação. As EPROM são frequentemente utilizadas pelo pessoal de I&D, que muda frequentemente os micro-programas para testar a eficiência do sistema informático com novos programas.

Memória Cache: A memória Cache é utilizada para minimizar o desajuste entre a velocidade do processador e a memória. É uma memória extremamente rápida e pequena entre o CPU e a memória principal, cujo tempo de acesso está mais próximo da velocidade de processamento do CPU. Actua como um buffer de alta velocidade entre a CPU e a memória principal e é utilizada para armazenar temporariamente dados e instruções muito activas durante o processamento.

5.6   DISPOSITIVOS DE ARMAZENAMENTO SECUNDÁRIO:

A memória primária (ou principal) do sistema informático tem a seguinte limitação:

- Capacidade limitada
- Volatile

<u>**Capacidade limitada:**</u> A capacidade de armazenamento do armazenamento primário (memória principal) do computador de hoje não é suficiente para armazenar o grande volume de dados tratados pela maioria dos centros de processamento de dados.

<u>**Volatil:**</u> O armazenamento primário é volátil e os dados nele armazenados perdem-se quando a energia é desligada ou interrompida. No entanto, os sistemas informáticos necessitam de armazenar dados de forma permanente durante vários dias, meses ou anos.

Como resultado, é utilizada memória adicional, denominada *"memória auxiliar"* ou *"armazenamento secundário",* com a maioria dos sistemas informáticos.

O armazenamento secundário é não volátil e tem um custo por bit armazenado inferior, mas tem geralmente uma velocidade de operação mais lenta do que a do armazenamento primário. É utilizado principalmente para armazenar um grande volume de dados numa base permanente que pode ser parcialmente transferido para o armazenamento primário, sempre que necessário para o processamento.

Os dispositivos de armazenamento secundário normalmente utilizados podem ser classificados como:

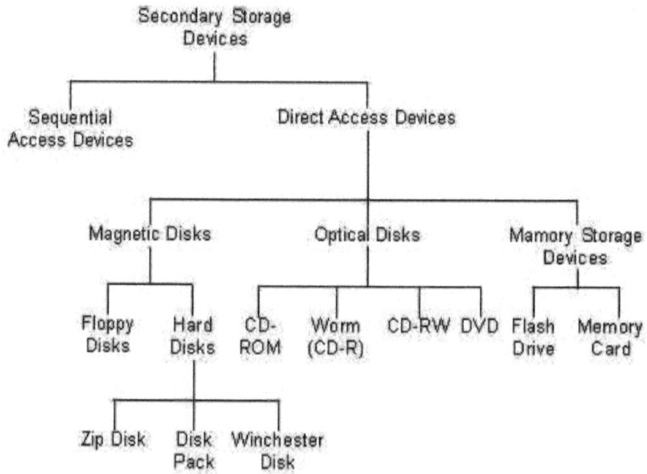

<u>Figura 5.3: Classificação do Dispositivo de Armazenamento Secundário</u>

Existem vários dispositivos que podem ser utilizados como dispositivo de armazenamento secundário, mas um deles seleccionado para uma determinada aplicação depende principalmente da forma como a informação armazenada necessita de ser acedida. Existem dois métodos de acesso à informação:

- Acesso sequencial ou em série
- Acesso directo ou aleatório

5.7 <u>**DISPOSITIVOS DE ACESSO SEQUENCIAL**</u>:

Os dispositivos de acesso sequencial são os dispositivos de memória que lêem ou gravam dados sequencialmente ou utilizam o método de acesso sequencial ou em série.

O dispositivo de acesso sequencial é uma classe de dispositivos de armazenamento de dados que pode ler os seus dados em sequência. O exemplo mais comum de dispositivo de acesso sequencial é a fita magnética.

<u>Fita magnética</u>: A fita magnética é um meio de armazenamento mais popular para grandes dados que são acedidos e processados sequencialmente.

O meio de fita magnética é uma fita de plástico geralmente ½ ou ¼ polegadas de largura e 50 a 2400 pés de comprimento. É revestido com material de gravação que pode ser magnetizado, como óxido de ferro ou óxido de crómio. Os dados são registados em fita sob a forma de pequenas manchas invisíveis magnetizadas e não magnetizadas (apresentando 1s e 0s) na superfície revestida da fita. A própria fita é armazenada em bobinas ou num pequeno cartucho ou cassete.

Figura 5.4: (a) Fita magnética em cassete áudio

Figura 5.4: (b) Fita magnética em cassete de vídeo

A fita magnética pode ser reutilizada muitas vezes. Os dados antigos de uma fita são apagados automaticamente à medida que são registados novos dados na mesma área.

A capacidade de armazenamento de uma fita é um múltiplo do seu comprimento e densidade de registo de dados. Isto é, a capacidade de armazenamento de uma fita é um múltiplo do seu comprimento e densidade de gravação de dados:

Capacidade de armazenamento = Registo de dados / comprimento de$\times$ densidade

Vantagens das fitas magnéticas:

- A sua capacidade de armazenamento é praticamente ilimitada, uma vez que podem ser utilizadas tantas cassetes quantas forem necessárias para o armazenamento de grandes conjuntos de dados.
- Com baixo custo das bobinas e cartuchos de fita e alta densidade de gravação de dados, o custo por bit de armazenamento é muito baixo para a fita magnética.
- A fita magnética pode ser apagada e reutilizada muitas vezes.
- Como as bobinas e cartuchos de fita adesiva são compactos e leves, são fáceis de manusear e armazenar.
- Devido ao pequeno tamanho das fitas magnéticas, são também facilmente transportáveis de um local para outro.

<u>Desvantagens das fitas magnéticas:</u>

- Devido à sua natureza de acesso sequencial, não são adequados para o armazenamento de dados que possam ser acedidos de forma aleatória.
- Devem ser armazenados em ambiente sem pó, porque as manchas de pó podem causar erros de leitura da fita adesiva.
- Devem ser armazenados num ambiente com níveis de temperatura e humidade devidamente controlados, caso contrário a fita de fita pode ser torcida devido à deformação, resultando na perda dos dados armazenados.
- Devem ser devidamente rotulados, para que alguns dados úteis armazenados numa fita não sejam apagados por engano.

<u>Utilização de fitas magnéticas:</u>

- Para aplicações baseadas no processamento sequencial de dados.
- Cópia de segurança dos dados armazenados num dispositivo de armazenamento on-line, como um disco, para o seu armazenamento off-line, de modo a que, se por acidente os dados no disco forem corrompidos ou perdidos, possam ser recuperados da fita de segurança e armazenados de volta no disco.
- Arquivo de dados que não são utilizados com frequência, mas que podem ser utilizados de vez em quando.
- Transferência de dados e programas entre dois computadores que não estão ligados entre si.
- Distribuição de software por hendords.

5.8   <u>**DISPOSITIVOS DE ACESSO DIRECTO (ALEATÓRIO):**</u>

Dispositivos de Acesso Directo (também chamados Dispositivos de Acesso Aleatório) porque, de toda a informação armazenada, qualquer informação escolhida aleatoriamente pode ser imediatamente acedida. Por conseguinte, um dispositivo de armazenamento de acesso aleatório é aquele em que qualquer local do dispositivo pode ser seleccionado aleatoriamente, o acesso à informação armazenada é directo e é necessário um tempo de acesso aproximadamente igual para cada local. Existem muitos tipos de dispositivos de armazenamento de acesso directo, alguns dos quais o são:

- Disco magnético
- Disco óptico
- Dispositivos de armazenamento de memória

<u>Disco Magnético</u>: Os discos magnéticos são os mais populares dispositivos de armazenamento secundário de acesso directo. São também os mais populares dispositivos de armazenamento secundário em linha.

Um disco magnético é uma placa circular fina de metal ou plástico e revestida em ambos os lados com material de gravação que pode ser magnetizado, como o óxido de ferro. Os dados são gravados num disco sob a forma de pequenos pontos invisíveis magnetizados e não magnetizados (representando 1's e 0's) nas superfícies revestidas do disco. Um código binário padrão, normalmente EBCDIC de 8 bits, é utilizado para o registo de dados. O próprio disco é armazenado num envelope ou cartucho de protecção especialmente concebido para o efeito, ou vários deles são empilhados juntos num contentor selado - livre de contaminação.

Tal como as fitas magnéticas, também os discos magnéticos podem ser apagados e reutilizados indefinidamente. Os dados antigos de um disco são apagados automaticamente através da gravação de novos dados na mesma área. No entanto, os dados armazenados podem ser lidos muitas vezes sem afectar os dados.

Tipos de Disco Magnético: Todos os discos magnéticos são de prato redondo. Vêm em diferentes tamanhos, utilizam diferentes tipos de embalagens e são feitos de metal rígido ou plástico flexível. Com base nestas diferenças, existem hoje muitos tipos de discos magnéticos disponíveis. No entanto, todos eles podem ser amplamente classificados em dois tipos:

- Disquetes
- Discos rígidos

As disquetes são embaladas individualmente em invólucros de protecção ou caixas de plástico em que, como disco rígido, são embaladas individualmente ou em múltiplos em cartuchos ou contaminações - recipientes livres. Dependendo do tipo de embalagem, as disquetes são ainda classificadas em discos Zip/Bernoulli, pacotes de discos e Winchester disk.

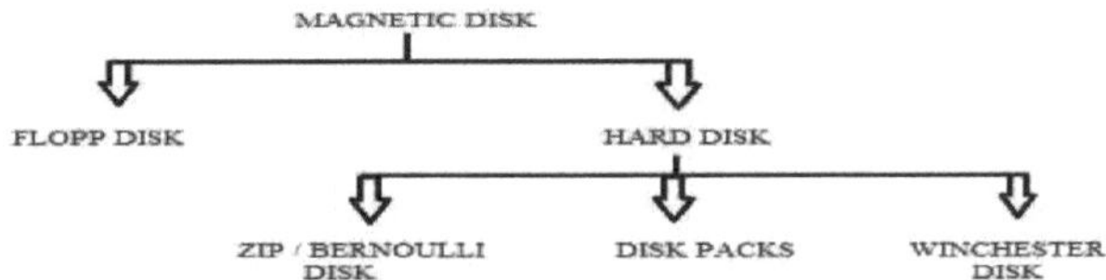

Figura 5.5: Classificação do disco magnético

Disquete: A Floppy Disk é uma peça plana e circular de plástico flexível revestida com óxido magnético. Está envolta numa capa quadrada de plástico ou de vinil. A camisa protege a superfície da disquete. Além disso, tem um revestimento especial que proporciona uma acção de limpeza para remover partículas de pó, uma vez que estas são prejudiciais à superfície do disco e à cabeça de leitura/escrita. As disquetes são assim chamadas porque são constituídas por placas de plástico flexível (e não por placas duras) que se podem dobrar. São também conhecidas como "*disquetes*" ou "*disquetes*". Foram introduzidas pela IBM em 1972 e são actualmente produzidas em vários tamanhos e capacidades por muitos fabricantes.

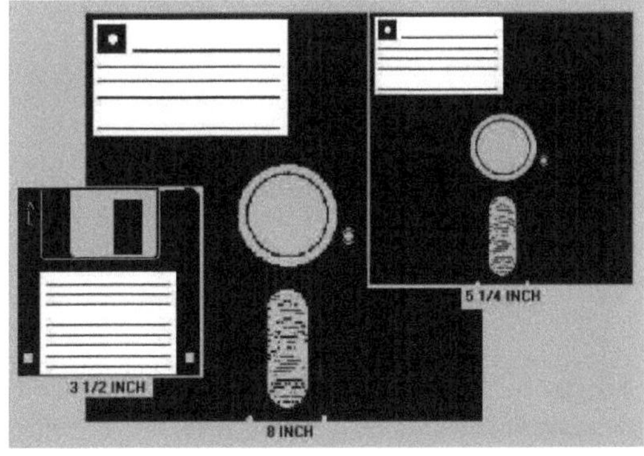

Figura 5.6: Diferentes tipos de Disco Fléxico

Disco rígido: Os discos rígidos são o principal dispositivo de armazenamento secundário em linha para a maioria dos sistemas informáticos actuais. São compostos por placas de material rígido (frequentemente de alumínio) e vêm em muitos tamanhos que vão de 1 a 14 polegadas de diâmetro.

Tipos de discos rígidos: Dependendo de como são embalados, os discos rígidos são normalmente categorizados em três tipos -

- Disco Zip/Bernoulli
- Pacote de discos
- Disco Winchester

Zip / Bernoulli Disk: É composto por um único prato de disco rígido envolto num cartucho de plástico. O disco é normalmente de 3 ½ polegadas com uma capacidade de armazenamento de 100 MB. A capacidade de armazenamento varia ligeiramente, dependendo do estilo de formatação utilizado por um sistema informático com o qual é utilizado. A unidade de disco, denominada "zip drive", pode ser de tipo portátil ou fixo. O tipo fixo é uma parte de um sistema informático permanentemente ligado a ele. O tipo portátil pode ser levado e ligado a um sistema informático durante a sua utilização, sendo depois desligado e levado embora. Um disco zip pode ser facilmente carregado ou descarregado numa unidade zip, tal como se insere/remover uma unidade de disquete ou uma cassete de vídeo num gravador de vídeo.

Figura 5.7: Disco Zip / Bernoulli

Embalagens de Disco: É composto por vários pratos de disco rígido montados num único eixo de controlo. Todos os discos giram juntos à mesma velocidade. A sua unidade de disco tem uma cabeça de leitura/escrita separada para cada superfície utilizável do disco. A sua unidade de disco é do tipo permutável e permite o carregamento de diferentes pacotes de discos à medida que vão sendo utilizados. Quando não está a ser utilizado, um pacote de discos é armazenado offline numa caixa de plástico. Isto dá uma capacidade de armazenamento praticamente ilimitada às unidades de disco.

Figura 5.8: Embalagens de discos

Winchester Disk: Um disco Winchester é composto por vários pratos de disco rígido montados num único eixo. No entanto, ao contrário de uma unidade de disco, uma unidade de disco Winchester é de tipo fixo. Ou seja, as suas placas de disco rígido e unidade de disco são seladas juntas num recipiente livre de contaminação e não podem ser separadas uma da outra. Por conseguinte, os discos Winchester têm uma capacidade limitada. No entanto, para o mesmo número de pratos de disco do mesmo tamanho, os discos Winchester podem ter uma capacidade de armazenamento superior às embalagens de discos, devido às seguintes razões

(a) Tanto os pratos de disco como a unidade de disco são enrolados permanentemente; todas as superfícies de todos os pratos de disco (incluindo a superfície superior do prato mais alto e a superfície inferior do prato mais baixo) são utilizadas para a gravação de dados num disco Winchester. Ou seja, para um disco Winchester com quatro pratos, estas são oito superfícies utilizáveis em vez de seis no caso de um pacote de discos com quatro pratos.

(b) A contaminação - ambiente livre permite ao disco Winchester empregar maior precisão no registo e acesso aos dados, resultando numa maior densidade de armazenamento de dados do que os pacotes de discos intercambiáveis.

Os discos Winchester tinham esse nome porque o primeiro sistema de discos Winchester tinha dois discos de 30 a 30 MB. A capacidade de armazenamento do actual disco Winchester varia de algumas dezenas de MB a GB.

Figura 5.9: Disco Winchester

Vantagens dos Discos Magnéticos:

* O disco magnético suporta o acesso directo aos dados, tornando-os mais adequados para uma gama mais vasta de aplicações. Enquanto as fitas magnéticas suportam apenas o acesso sequencial de dados.
* Devido à propriedade de acesso aleatório, os discos magnéticos são frequentemente utilizados por vários utilizadores em simultâneo como um dispositivo partilhado.
* Os discos magnéticos são adequados tanto para o armazenamento de dados online como offline.
* Com excepção dos discos Winchester de tipo fixo, a capacidade de armazenamento de outros discos magnéticos é praticamente ilimitada, uma vez que podem ser utilizados tantos discos quantos forem necessários para o armazenamento de conjuntos de dados muito grandes.
* Devido ao seu baixo custo e elevada densidade de gravação de dados, o custo por bit de armazenamento é baixo para os discos magnéticos.
* As disquetes e discos Zip, sendo compactos no tamanho e leves no peso, são fáceis de manusear e armazenar. Permitem o armazenamento de uma quantidade muito grande de dados em espaço de armazenamento reduzido.
* A disquete e o disco Zip também são facilmente transportáveis de um local para outro. São frequentemente utilizados para transferir dados e

programas de um local para outro ou de um computador para outro que não estão ligados entre si.

- Qualquer informação desejada do armazenamento em disco pode ser acessada em poucos milissegundos porque é um dispositivo de armazenamento de acesso direto. Isto não é possível com o armazenamento em fita.
- O débito de transferência de dados para o sistema de disco magnético é normalmente superior ao de um sistema de fita.
- Os discos magnéticos são menos vulneráveis à corrupção de dados devido a um tratamento descuidado das condições desfavoráveis de temperatura e humidade do que as fitas magnéticas.

Desvantagens do Disco Magnético:

- Embora o disco magnético possa ser utilizado para ambos os tipos de aplicações (aplicação aleatória e sequencial de processamento de dados), a utilização de discos magnéticos é menos eficiente do que as fitas magnéticas para aplicações sequenciais.
- É mais difícil manter a segurança da informação armazenada nos discos magnéticos que são utilizados como dispositivo de armazenamento secundário em linha partilhado do que a informação armazenada em fitas magnéticas.
- Para o disco Winchester, um crash ou falha do disco resulta frequentemente na perda de dados inteiros armazenados no mesmo. Não é fácil recuperar os dados perdidos. Por isso, são sugeridos procedimentos de backup adequados para os dados armazenados no disco Winchester.
- Alguns tipos de discos magnéticos, como os pacotes de discos e o disco Winchester, não são tão facilmente portáteis como as fitas magnéticas.
- Com base no custo por bits, o custo dos discos magnéticos é baixo, mas o custo das fitas magnéticas é ainda mais baixo.
- Devem ser armazenados num ambiente sem pó.

Usos do Disco Magnético:

- Para aplicações que requerem processamento de dados de acesso aleatório.
- Como um dispositivo de armazenamento secundário partilhado e em linha.
- Como dispositivo de backup para armazenamento de dados fora de linha.

- Arquivamento de dados que não são utilizados com frequência, mas que podem ser utilizados ocasionalmente.
- Transferência de dados e programas entre dois computadores que não estão ligados entre si.
- Distribuição de software por fornecedores.

Disco Óptico: Em comparação com a fita magnética e o disco magnético, o disco óptico é um meio de armazenamento secundário relativamente novo. Durante os últimos anos, provou ser um meio de acesso aleatório promissor para armazenamento secundário de alta capacidade porque pode armazenar uma quantidade extremamente grande de dados num espaço limitado.

Um sistema de armazenamento de discos ópticos consiste num disco rotativo revestido com um metal fino ou outro material altamente reflector. Utiliza tecnologia de feixe laser para gravação/leitura de dados na superfície do disco. Os discos ópticos são também conhecidos por "disco laser" ou "disco óptico laser" porque utilizam tecnologia de feixe laser para leitura/escrita de dados.

Figura 5.10: Disco Óptico

Tipos de Discos Ópticos: Todos os discos ópticos são pratos redondos. Vêm em tamanhos e capacidades diferentes. Os tipos de discos ópticos mais utilizados são os CD - ROM, WORM (CD-R), CD - RW e discos DVD. São descritos abaixo:

a) **CD-ROM (Compact Disk - Read Only Memory):** É um spin-off da tecnologia de CD áudio e parece-se muito com o CD áudio utilizado no sistema de música. De facto, se o seu computador tiver placa de som e colunas, pode reproduzir CDs de áudio com o seu computador.

O disco CD-ROM é brilhante, disco metálico de cor prata, geralmente de 5 ¼ polegadas (12 cm.) de diâmetro. É feito de plástico policarbonato e uma fina camada de alumínio puro é aplicada para tornar a superfície reflectora. Para alguns discos de muito boa qualidade, é utilizada uma camada dourada. Uma fina camada de verniz protege-o. Tem uma capacidade de armazenamento de cerca de 650 Megabytes ou 700 Megabytes em discos mais recentes. É assim chamado devido à sua maior capacidade de armazenamento num disco de tamanho compacto e por ser um meio de armazenamento só de leitura. Ou seja, estes discos vêm pré-gravados e a informação neles armazenada não pode ser alterada.

Uma vez que um disco óptico é lido do centro para a borda externa, vários tamanhos são possíveis. Para além dos mais comuns 120 mm. Está também disponível um disco de 74/80 minutos com capacidade de armazenamento de 650 MB a 700 MB, um disco de 80 mm e 21 minutos (chamado mini-CD) com 184 MB de armazenamento. Podem ser utilizados com a unidade de disco de um disco de 120 mm. Os mini-CDs são concebidos em várias formas extravagantes como redondos, ovais, triângulos, etc., garantindo ao mesmo tempo que a área de armazenamento não é afectada.

b) **<u>Worm Disk / CD Disco gravável (CD-R)</u>:** WORM significa "write once, read-many" (escrever uma vez, ler muito). Os discos WORM permitem ao utilizador criar os seus próprios discos CD-ROM utilizando uma unidade gravável em CD (CD-R) ligada a um computador como um dispositivo periférico normal. Os discos WORM parecem discos de CD-ROM normais, são comprados em branco e posteriormente codificados utilizando uma unidade de CD-R. A informação gravada num disco WORM por uma unidade de CD-R pode ser lida por qualquer unidade de CD-ROM normal. Como o nome indica, os dados podem ser gravados apenas uma vez num disco WORM, mas podem ser lidos muitas vezes. Isto é, como um disco CD-ROM, uma vez que os dados tenham sido gravados na superfície de um disco WORM eles se tornam permanentes e podem ser lidos mas nunca alterados. Entretanto, todos os dados a serem gravados em um disco WORM podem ser gravados na sua superfície em múltiplas sessões de gravação. As sessões após a primeira são sempre aditivas e não podem alterar a informação gravada/ queimada das sessões anteriores. A informação adicionada na sessão pode ser escondida na sessão seguinte através da criação das cinco atribuições. Tabela (Gordura) num novo local mas a gravura na superfície não pode ser removida. Esses discos são chamados de "Disco Multi-Sessão". A tecnologia de feixe laser é utilizada para gravação/leitura de dados.

c) **<u>CD de leitura/gravação (CD-RW) Disco</u>:** Um disco de leitura/gravação de CD (CD-RW) é muito semelhante a um disco WORM, com a excepção de que pode apagar o conteúdo anterior e gravar nele várias vezes. Este disco utiliza uma camada de liga metálica. O feixe laser altera a propriedade química durante o processo de gravação (ou gravação) alterando a reflectividade nos locais desejados. A diferença de terra-pit no CD-RW não é significativa e, portanto, os CD-Drives têm de ser compatíveis para ler tais discos. Um disco CD-RW tem normalmente uma vida útil de 100 ou mais ciclos de apagamento e gravação. Um disco gravado uma vez pode ser apagado, alterando novamente a propriedade química e depois pode ser gravado num disco novo. As unidades de CD-RW têm essa capacidade de apagar. Os discos CD-RW são pouco dispendiosos do que os discos CD-RW, mas são uma grande poupança de custos.

d) **<u>Disco de Vídeo Digital (ou Versátil) (DVD)</u>:** O DVD foi concebido principalmente para armazenar e distribuir filmes. No entanto, está a tornar-se rapidamente o disco óptico principal, uma vez que os preços estão a diminuir e a necessidade de armazenamento de grande capacidade está a aumentar.

É semelhante ao CD-ROM em princípio, mas é mais denso no registo de dados. Segue a codificação Oito a Catorze Modulações Plus (EFM Plus) em comparação com a codificação Oito a Catorze Modulações (EFM) utilizada pelo CD-ROM. Existem duas variantes ou disco de camada única ou DVD e disco de camada dupla. Os discos de uma camada têm uma capacidade de armazenamento de 4,7 GB, enquanto que os discos de duas camadas têm uma capacidade de armazenamento de 8,5 GB.

O DVD tem espaço suficiente para armazenar filmes e suporta legendas multilingues, áudio multilingue, ângulos de câmara múltiplos, etc. Suporta a marcação de regiões para proteger contra a pirataria e o uso de DVD de uma região para outra. Também suporta proteção de conteúdo para mídia pré-gravada (CPPM) técnica de segurança para proteger contra cópia, etc.

<u>Vantagens do Disco Óptico</u>:

- O custo por bit de armazenamento do disco óptico é muito baixo, devido ao seu baixo custo e elevada densidade de armazenamento. O benefício adicional do custo advém do facto de alguns discos ópticos poderem ser apagados e reutilizados muitas vezes.
- A utilização de uma única pista em espiral torna o disco óptico um meio de armazenamento ideal para a leitura de grandes blocos de dados sequenciais, tais como áudio e vídeo.
- As unidades de disco óptico não têm cabeças de leitura/escrita mecânicas para esfregar ou colidir com a superfície do disco. Isto torna o disco óptico um meio de armazenamento mais fiável do que as fitas magnéticas ou os discos magnéticos.
- Os discos ópticos têm uma vida útil de armazenamento de dados superior a 30 anos. Isto faz com que tenham um melhor suporte de armazenamento de dados em comparação com as fitas magnéticas ou discos magnéticos.
- Uma vez que os dados, uma vez armazenados em discos CD-ROM/WROM, se tornam permanentes, não existe o perigo de os dados armazenados serem apagados/sobre-escritos de forma adversa.
- Devido ao seu tamanho compacto e peso reduzido, os discos ópticos são fáceis de manusear, armazenar e transportar de um local para outro.

Desvantagens do Disco Óptico:

- Os discos CD-ROM e WORM são apenas suportes de leitura (permanentes). Uma vez registados, os dados não podem ser apagados. Por conseguinte, não podem ser utilizados novamente.
- A velocidade de acesso aos dados dos discos ópticos é mais lenta do que a dos discos magnéticos.
- O disco óptico requer um mecanismo de accionamento mais complicado do que os discos magnéticos devido à necessidade de ter uma fonte geradora de laser e lentes de detecção que requerem uma engenharia de precisão e um manuseamento cuidadoso.
- Como o disco óptico é um meio removível, é propenso a arranhões, pó, impressões pegajosas, etc. durante o manuseio.
- Quando utilizados para armazenagem fora de linha, devem ser devidamente rotulados para facilitar a sua identificação.

Usos do Disco Óptico:

- Para a distribuição de grande quantidade de dados a baixo custo.

- Para distribuição da versão electrónica do processo de conferência, revistas, jornais, revistas, etc.
- Para distribuição de áudio.
- Para distribuição de versões novas ou melhoradas de produtos de software.
- Para arquivamento de dados não utilizados com frequência, mas que podem ser utilizados ocasionalmente.
- Os DVDs tornaram-se um meio popular para a distribuição de filmes.

<u>Dispositivos de Armazenamento de Memória</u>: Como o preço dos chips de memória baixou consideravelmente, como resultado, foi introduzida uma nova raça de dispositivos de armazenamento secundário que não só proporciona armazenamento e compatibilidade, mas também aplicação no topo como leitor de música, etc. Alguns desses dispositivos são:

- Flash Drive (Pen Drive)
- Cartões de memória

<u>Flash Drive</u>: Flash Drive (geralmente conhecido como *Pen Drive*) é um dispositivo compacto do tamanho de uma caneta, vem em várias formas e design, e pode ter diferentes características adicionais (como câmera, construído em MP3 player, etc.). Permite o fácil transporte de dados de um computador para outro.

É um dispositivo plug-and-play que simplesmente se liga a uma porta USB (Universal Serial Bus) de um computador. O computador detecta-o automaticamente como unidade amovível. Agora, o utilizador pode ler, escrever, copiar, apagar e mover dados do disco rígido do computador para a unidade flash ou da unidade flash para o disco rígido. É até possível executar aplicações, ver vídeos ou reproduzir directamente MP3 a partir dele. Uma vez feito, pode ser simplesmente ligado à porta USB do computador e guardado no bolso para ser transportado para qualquer lugar. Uma pen drive não requer nenhuma bateria, cabo ou software, e é compatível com a maioria dos PCs, desktop e computadores portáteis com porta USB 2.0. Todas estas características tornam-no o armazenamento de dados externo ideal para pessoas móveis transportarem ou transferirem dados de um computador para outro. As capacidades de armazenamento disponíveis para unidades flash são 256 MB, 512MB, 1GB, 2GB, 4GB, 8GB, 16GB, 32GB, 64GB.

Figura 5.11: Unidade flash

Cartões de memória: Tal como a unidade flash, os cartões com memória flash, conhecidos como cartões de memória, estão disponíveis como dispositivos de armazenamento amovíveis em diferentes tipos de equipamento electrónico. Alguns dos mais populares são os cartões seguros digitais (SD) e multimédia (MMC). Alguns outros fabricantes têm os seus próprios cartões baseados na memória flash. Inicialmente, as capacidades de armazenamento destes cartões são de 8 a 32 MB, mas agora estão disponíveis até uma capacidade de armazenamento de 128 GB.

Figura 5.12: Cartões de memória.

Para além dos computadores, estes cartões são utilizados em vários tipos de dispositivos electrónicos/dispositivos digitais, tais como câmaras digitais, telemóveis, tablets, etc. Isto também facilita a transferência fácil de dados destes dispositivos para o computador, para armazenamento no disco rígido do computador ou para processamento posterior pelos computadores. Cada um destes cartões tem a sua própria interface e características específicas de concepção para utilização com determinados tipos de dispositivos.

5.9   HIERARQUIA DE ARMAZENAMENTO:

Uma vez que existem diferentes tipos de dispositivos de armazenamento com diferentes capacidades, velocidades ou acessos e custos por bit armazenado. Uma vez que um único tipo de armazenamento não é superior em todos os aspectos, a maioria dos sistemas informáticos utiliza uma hierarquia de tecnologias de armazenamento.

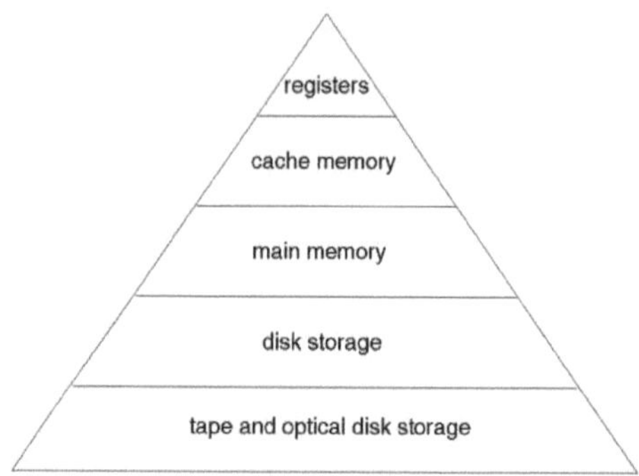

Figura 5.13: Hierarquia típica de armazenamento

A figura acima mostra uma pirâmide típica da hierarquia de armazenamento. Inclui memória cache, memória principal, armazenamento secundário e armazenamento em massa. Ao subirmos a pirâmide, encontramos elementos de armazenamento com tempo de acesso mais rápido, maior custo por bit de armazenamento e menor capacidade . Uma maior capacidade de armazenamento, menor custo por bit armazenado e tempo de acesso mais lento são os resultados da descida da pirâmide.

PONTOS A LEMBRAR

1. A Unidade Central de Processamento (também conhecida como *CPU*) é o cérebro do sistema informático.
2. CPU subdividida nas seguintes categorias - Unidade de Controlo, Unidade de Lógica Aritmética, Conjuntos de Instrução, Registos e Processadores.
3. A unidade de Controlo de uma CPU selecciona e interpreta as instruções do programa e depois coordena a sua execução.
4. Unidade de Lógica Aritmética (UAL) é o local onde a execução efectiva da instrução tem lugar durante a operação de processamento de dados.

5. Cada CPU tem a capacidade de executar um conjunto de instruções da máquina chamado *"conjunto de instruções"*.
6. Um Processador é o circuito lógico que responde e processa as instruções básicas que conduzem um computador. A velocidade do processador é medida em "Megahertz" ou "Gigahertz" (hertz significa ciclo por segundo).
7. A memória principal refere-se à memória física que é interna ao computador.
8. RAM (Random Access Memory - Memória de Acesso Aleatório) é a memória volátil.
9. ROM (Read Only Memory) é um chip não volátil no qual os dados são armazenados permanentemente e não podem ser alterados por meio de programa.
10. A memória Cache é utilizada para minimizar o desajuste da velocidade do processador de memória.
11. O armazenamento secundário é não volátil e tem um custo por bit armazenado inferior, mas tem geralmente uma velocidade de operação mais lenta do que a do armazenamento primário.
12. Os dispositivos de acesso sequencial são os dispositivos de memória que lêem ou gravam dados sequencialmente ou utilizam o método de acesso sequencial ou em série.
13. Dispositivos de Acesso Directo (também chamados Dispositivos de Acesso Aleatório) porque, de toda a informação armazenada, qualquer informação escolhida aleatoriamente pode ser imediatamente acedida.

PERGUNTA:

1. Lista as principais funções da CPU de um sistema informático.
2. O que são registos? Diga alguns dos registos normalmente utilizados.
3. Lista as principais propriedades utilizadas para caracterizar e avaliar as unidades de armazenamento do sistema informático.
4. Explique a diferença fundamental entre as operações de leitura e escrita de memória.
5. O que é uma ROM? Porque é que se chama assim? Escreva poucos usos típicos da ROM.
6. Distinguir entre PROM e EPROM.
7. O que é memória flash? Porque é que se chama assim?
8. O que é a memória cache? Como é diferente da memória primária?
9. Escrever abreviadamente não em -
   a) CPU

b) ALU

c) Registe-se

d) Critérios de avaliação do armazenamento.

e) Capacidade de memória

f) Memória Cache

g) Conjunto de instruções

h) Velocidade do processador

10. O que é o armazenamento secundário? Em que é diferente do armazenamento primário?

11. Quais são as principais limitações do armazenamento primário do sistema informático?

12. Desenhe o amplo diagrama de classificação dos dispositivos populares de armazenamento secundário utilizados no sistema informático actual.

13. O que é um dispositivo de armazenamento de acesso aleatório?

14. Distinguir entre um acesso sequencial e dispositivos de armazenamento de acesso aleatório.

15. Escreva notas breves sobre -

    a) Fita magnética

    b) Disco Magnético

    c) Disco Óptico

    d) Dispositivo de armazenamento de memória

    e) Hierarquia de armazenamento.

CAPÍTULO - 6

SISTEMA OPERACIONAL

6.1   <u>INTRODUÇÃO AO SISTEMA OPERACIONAL</u>:

Um sistema operacional (geralmente referido como SO) pode ser definido como:

"Um Sistema Operativo é um conjunto integrado de programas que controla os recursos (CPU, memória, dispositivos I/O, etc.) de um sistema informático e fornece ao seu utilizador uma interface ou máquina virtual mais fácil de utilizar do que a máquina nua. "

ou

"Um sistema operativo actua como intermediário entre o utilizador de um computador e o equipamento informático. "

ou

"Um Sistema Operativo é um software que gere o hardware e os recursos de software do computador e fornece serviços comuns para programas de computador. "

ou

"Um Sistema Operativo é o programa que, depois de ser inicialmente carregado no computador por um programa de arranque, gere todos os outros programas num computador. "

O objetivo de um sistema operacional é fornecer um ambiente no qual o usuário possa executar um programa de uma maneira conveniente e eficiente. Os dois principais objectivos de um sistema operativo são:

a) **Tornar um sistema informático mais fácil de utilizar.** Um sistema operativo esconde o detalhe dos recursos de hardware dos programadores e outros utilizadores e fornece-lhes uma interface conveniente para a utilização de um sistema informático. Actua como intermediário entre o hardware e os seus utilizadores, fornecendo uma interface de alto nível aos recursos de hardware de baixo nível e facilitando a utilização desses recursos por parte dos programadores e outros utilizadores.

b) **Gere os recursos do sistema informático.** Um sistema operativo gere todos os recursos de um sistema informático. Isto envolve a execução de tarefas como o acompanhamento de quem está a utilizar que recursos, a

concessão de pedidos de recursos, a contabilidade da utilização de
recursos e a mediação de pedidos conflituosos de diferentes programas e
utilizadores. A partilha eficiente e justa dos recursos do sistema entre
utilizadores e/ou programas é um objectivo chave de todo o sistema
operativo.

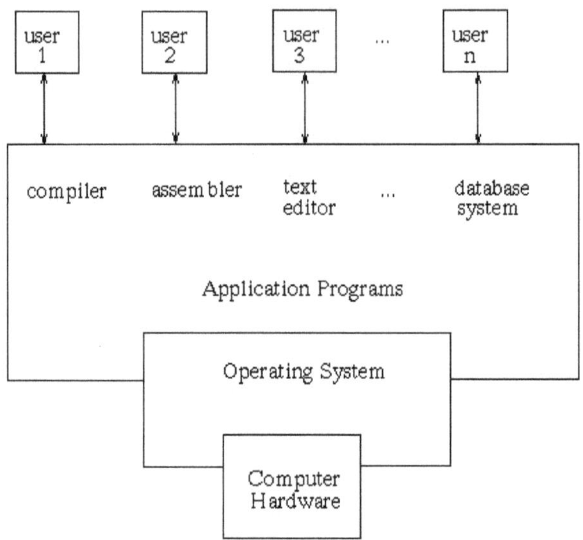

Figura 6.1: Arquitectura lógica do SO

A figura 6.1 mostra a estrutura lógica de um sistema informático. Como se
mostra, os recursos de hardware estão rodeados pela camada do sistema
operativo que, por sua vez, está rodeada por uma camada de outro software de
sistema (como compilador, editores, utilitários, etc.) e por um conjunto de
programas de aplicação (como aplicações de processamento de dados
comerciais, aplicações científicas e de engenharia, aplicações de entretenimento
e educativas, etc.). Finalmente, os utilizadores finais vêem o sistema informático
em termos das interfaces de utilizador dos programas de aplicação.

Um sistema operacional gere e coordena as funções desempenhadas pelo
hardware do computador, incluindo a CPU, os dispositivos de entrada/saída, os
dispositivos de armazenamento secundário e os equipamentos de comunicação e
de rede. O sistema operativo é o programa mais importante que corre num
computador. Cada computador de uso geral deve ter um sistema operativo para
executar outro programa. O sistema operativo executa tarefas básicas, tais como

reconhecer a entrada de dados a partir da placa de teclas, o rasto de ficheiros e directórios no disco e controlar dispositivos periféricos, tais como dispositivos de disco e impressoras.

O software do sistema operativo acompanha cada recurso de hardware, determina quem obtém o quê, determina quando o utilizador terá acesso ao recurso, atribui a quantidade de recurso que será dada ao utilizador e termina o acesso no final do período de utilização.

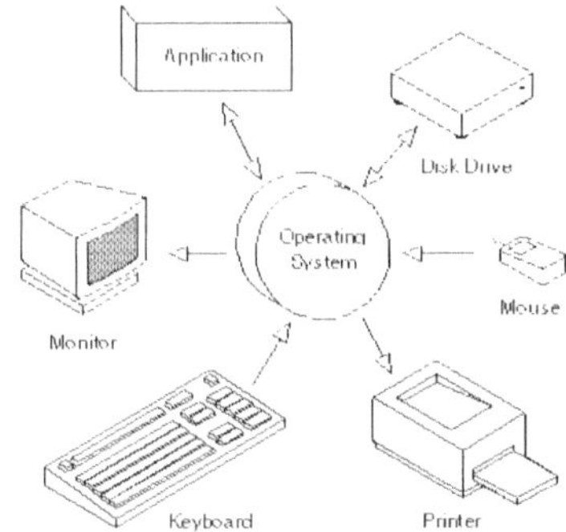

Figura 6.2: Sistema operativo como gestor

Um sistema operacional é um conjunto de programas utilizados para controlar um sistema informático. O sistema operativo é armazenado permanentemente na memória apenas de leitura (ROM). Quando o computador é iniciado, começa automaticamente a executar um programa contido na parte do sistema operativo da ROM. Este programa lê parte do sistema operativo na memória de acesso aleatório (RAM) e o computador começa a executar esta parte do sistema. Este programa do sistema operativo controla agora o computador.

6.2 DESEMPENHO DO SISTEMA DE MEDIÇÃO:

A eficiência de um sistema operacional e o desempenho global de um sistema informático são geralmente medidos em termos dos seguintes parâmetros:

- Produção
- Tempo de retorno
- Tempo de resposta

Produção: **O** rendimento é a quantidade de trabalho que um sistema é capaz de fazer por unidade de tempo. É medido como o número de processos (também conhecidos como trabalhos) completados pelo sistema por unidade de tempo.

Tempo de retorno: Do ponto de vista de um utilizador individual, um critério importante é quanto tempo leva um sistema a concluir um trabalho por ele apresentado. O "tempo de entrega" é o intervalo entre o tempo de entrega de um trabalho ao sistema para processamento e o tempo de conclusão do trabalho. Embora seja desejável um maior rendimento do ponto de vista do desempenho global do sistema, os utilizadores individuais estão mais interessados num melhor tempo de resposta para os seus trabalhos.

Tempo de resposta: **O** tempo de resposta não é uma medida adequada para sistemas interactivos porque num sistema deste tipo um processo pode produzir algum resultado antecipadamente durante a sua execução e continuar a execução enquanto os resultados anteriores estão a ser produzidos para os utilizadores. Por conseguinte, outra medida utilizada em caso de sistema interactivo é o "tempo de resposta". É o intervalo entre o tempo de apresentação de uma tarefa ao sistema para processamento e o tempo de produção da primeira resposta da tarefa pelo sistema.

Em qualquer sistema informático, é desejável maximizar o rendimento, minimizar o tempo de resposta e o tempo de resposta.

6.3 FUNÇÃO PRINCIPAL DO SISTEMA OPERATIVO:

A maioria dos sistemas operativos desempenha as seguintes funções a seguir apresentadas. Um módulo separado do software do sistema operativo executa cada uma destas funções:

- Gestão de Processos.
- Gestão de Memória.
- Gestão de ficheiros.
- Segurança.
- Interpretação do Comando

Existem algumas outras funções que são desempenhadas pelo sistema operativo. Estas são:

- Contabilização da utilização dos recursos do sistema por todos os utilizadores (ou processadores)

- Manutenção do registo da utilização do sistema por todos os utilizadores.
- Manutenção do tempo do relógio interno.

Gestão de Processos: Um *"Processo"* (também chamado *"job"*) é um programa em execução. O principal objetivo do módulo de gerenciamento de processos de um sistema operacional é gerenciar o processo submetido a um sistema de forma a minimizar o tempo ocioso dos processadores (CPU, processadores I/O, etc.) do sistema. Os módulos de gestão de processos também cuidam da criação e eliminação de processadores, agendamento de recursos do sistema para os diferentes processos que os solicitem, e fornecimento de mecanismos de sincronização e comunicação entre processos.

Por outras palavras, o sistema operativo é responsável pelas seguintes actividades relacionadas com a gestão de processos:

- Criação e eliminação de processos tanto do utilizador como do sistema.
- Suspender e retomar os processos.
- Disponibilizar mecanismo para sincronização de processos.
- Prever um mecanismo de comunicação do processo.
- Prever mecanismo para o tratamento de bloqueios.

Gestão de Memória: Para além da CPU, a memória principal é um recurso importante de um sistema informático que deve ser gerido correctamente para o desempenho global do sistema. O módulo de gerenciamento de memória de um sistema operacional cuida desse requisito. A sua função consiste em saber quais as partes da memória que estão a ser utilizadas e quais as que são gratuitas. Também atribui memória a processos quando estes necessitam dela, e desaloca quando já não precisam dela.

O sistema operativo é responsável pelas seguintes actividades relacionadas com a gestão da memória:

- Manter um registo das partes da memória que estão actualmente a ser utilizadas e por quem.
- Decidir que processos e dados devem entrar e sair da memória.
- Alocação do espaço de memória.
- Desalocação do espaço de memória.

Gestão de ficheiros: Um *"Ficheiro"* é uma colecção de informações relacionadas. Cada ficheiro tem um nome, os seus dados e atributos. O "nome" de um ficheiro identifica-o de forma única num sistema. Os ficheiros de acesso do utilizador pelos seus nomes. Os "dados" de um ficheiro são os seus conteúdos. O conteúdo de um ficheiro é uma sequência de bits, bytes, linhas ou registos cujo significado é definido pelo criador e pelos utilizadores do ficheiro. Os "atributos" de um ficheiro contêm outras informações sobre o ficheiro, tais como data e hora da sua criação, data e hora do último acesso, data e hora da última actualização, a sua dimensão actual, as suas características de protecção, etc.

O módulo de gestão de ficheiros de um sistema operativo trata de actividades relacionadas com ficheiros, tais como estruturação, acesso, nomeação, partilha e protecção de ficheiros.

O sistema operativo é responsável pelas seguintes actividades relacionadas com a gestão de ficheiros.

- Criação e eliminação de ficheiros.
- Criação e eliminação de directórios para organizar ficheiros.
- Mapeamento de ficheiros para armazenamento secundário.
- Cópia de segurança de ficheiros em suportes de armazenamento não voláteis.

Segurança: A segurança informática trata da protecção de vários recursos e informações de um sistema informático contra a destruição e o acesso não autorizado. Envolve a segurança interna e externa.

A segurança externa consiste em proteger um computador contra factores externos, tais como incêndios, inundações, fugas de informação armazenada por uma pessoa que tem acesso à informação, etc. Os métodos geralmente utilizados para a segurança externa incluem a manutenção de cópias de segurança da informação armazenada no local, longe da informação original, permitindo o acesso a informação sensível a empregados/utilizadores de confiança, etc.

A segurança interna, por outro lado, trata principalmente dos seguintes aspectos:

- Autenticação do utilizador
- Controlo de Acesso
- Criptografia

Autenticação do utilizador: Quando um utilizador tem acesso físico a um computador, o computador deve verificar a identificação do utilizador antes de permitir a sua utilização. O mecanismo de autenticação do utilizador trata deste requisito.

Controlo de Acesso: Um computador é frequentemente partilhado por muitos utilizadores. Contém também muitos recursos e vários tipos de informação. Todos os recursos e informações não são destinados a todos os utilizadores. Por conseguinte, mesmo quando um utilizador passa uma fase de autenticação e é autorizado a utilizar um computador, é necessário algum mecanismo para restringir o acesso do utilizador aos recursos/informações a que está autorizado a aceder. Os mecanismos de controlo de acesso tratam deste requisito.

Criptografia: Mesmo que um utilizador consiga de alguma forma obter acesso a alguma informação que não está autorizado a aceder, é necessário algum mecanismo para garantir que o utilizador não possa fazer uso dessa informação. Os mecanismos criptográficos tratam deste requisito. Os utilizadores autorizados apenas podem ter a chave necessária para decifrar a informação encriptada.

<u>Interpretação de comando</u>: O módulo de interpretação de comandos (conhecido como command interprets) de um sistema operativo fornece um conjunto de comandos através dos quais os utilizadores dão instruções a um computador para que os seus trabalhos sejam processados. Os comandos suportados pelo módulo de interpretação de comandos são conhecidos como chamadas de sistema. Quando um utilizador dá instruções a um computador utilizando estas chamadas de sistema, o módulo de interpretação de comandos encarrega-se de interpretar estes comandos e de direccionar os recursos do computador para o tratamento do pedido dos utilizadores. Assim, o comando interpreta fornece uma interface de utilizador para esconder os detalhes de hardware de um sistema dos seus utilizadores.

Existem duas grandes categorias de interfaces de utilizador suportadas por vários sistemas operativos:

- Interface da linha de comando.
- Interface gráfica do utilizador.

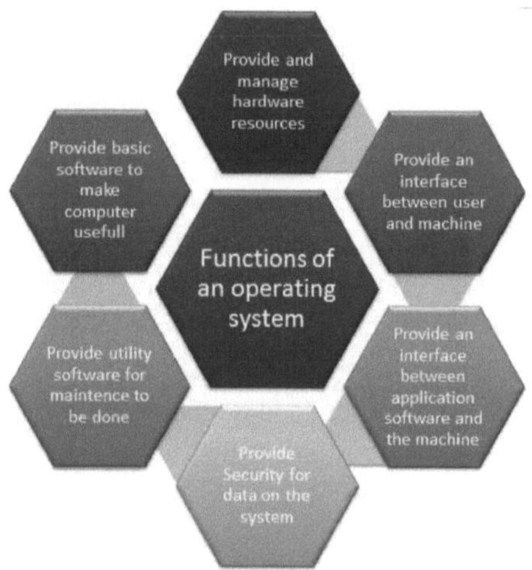

Figura 5.3: Função de um sistema operacional

6.4 TIPOS DE SISTEMAS OPERATIVOS:

Os sistemas operacionais estão lá desde a primeira geração de computadores. Os sistemas operativos continuam a evoluir ao longo do tempo. Seguem-se alguns dos tipos importantes de sistemas operativos que são mais utilizados.

a) Sistema Operacional por Lote.
b) Sistema Operativo Time Sharing.
c) Sistema Operacional Distribuído.
d) Sistema Operativo de Rede.
e) Sistema Operativo em Tempo Real.

a) SISTEMA OPERACIONAL BATCH: Os utilizadores do sistema operativo batch não interagem directamente com o computador. Cada utilizador prepara o seu trabalho num dispositivo off-line como cartões perfurados e submete-o ao operador do computador. Para acelerar o processamento, os trabalhos com necessidades semelhantes são agrupados em lotes e executados em grupo. Assim, os programadores deixam os seus programas com o operador. O operador então ordena os programas em lotes com necessidades semelhantes.

Os problemas com o sistema Batch são:

- Falta de interacção entre os utilizadores e os postos de trabalho.

- A CPU está frequentemente inactiva, porque as velocidades dos dispositivos de E/S mecânicos são mais lentas do que a CPU.
- É difícil dar a prioridade desejada.

b) <u>SISTEMA OPERACIONAL DE PARTILHA DE TEMPO</u>: A partilha de tempo é uma técnica que permite a muitas pessoas, localizadas em vários terminais, utilizar um determinado computador ao mesmo tempo. O Time sharing ou multitarefa é uma extensão lógica da multiprogramação. O tempo do processador que é partilhado entre vários utilizadores em simultâneo é designado por "time-sharing". A principal diferença entre sistema multiprogramação e sistema de tempo partilhado é que, no caso de sistema multiprogramação, o objectivo é maximizar a utilização do processador, enquanto que no sistema de tempo partilhado o objectivo é minimizar o tempo de resposta.

Os trabalhos múltiplos são executados pela CPU alternando entre eles, mas as alternâncias ocorrem com muita frequência, pelo que o utilizador pode receber uma resposta imediata.

As vantagens do sistema operacional Time sharing são:

- Proporcionar vantagem de resposta rápida.
- Evite a duplicação de software.
- Reduz o tempo de inactividade da CPU.

As desvantagens do sistema operacional Time sharing são:

- Problema de fiabilidade.
- Questão da segurança e integridade dos programas e dados dos utilizadores.
- Problema de comunicação de dados.

c) <u>SISTEMA OPERACIONAL DISTRIBUÍDO</u>: Os sistemas distribuídos são processadores centrais múltiplos para servir múltiplas aplicações em tempo real e múltiplos utilizadores. As tarefas de processamento de dados são distribuídas entre os processadores de acordo com os quais se pode realizar cada tarefa da forma mais eficiente. Os processadores comunicam uns com os outros através de várias linhas de comunicação. Estes são referidos como sistemas de acoplamento livre ou sistemas distribuídos. Os processadores de um sistema distribuído podem variar em dimensão e função. Estes processadores são referidos como locais, nós e computadores, etc.

As vantagens do sistema operacional distribuído são:

- Com a partilha de recursos, o utilizador de um local poderá utilizar os recursos disponíveis noutro local.
- Acelerar o intercâmbio de dados uns com os outros através de correio electrónico.
- Um melhor serviço aos clientes.
- Redução dos atrasos no tratamento dos dados.

d) <u>SISTEMA OPERACIONAL DE REDE</u>: O sistema operativo de rede funciona num servidor e fornece ao servidor a capacidade de gerir dados, utilizadores, grupos, segurança, aplicações e outras funções de rede. O principal objectivo ou sistema operativo de rede é permitir o acesso partilhado a ficheiros e impressoras entre vários computadores de uma rede, normalmente em rede local (LAN).

Vantagens do sistema operacional de rede:

- Os servidores centralizados são altamente estáveis.
- A segurança é gerida pelo servidor.
- As actualizações para novas tecnologias e hardware podem ser facilmente integradas no sistema.

Desvantagens do sistema operativo da Rede:

- Custo elevado de aquisição e funcionamento de um servidor.
- Dependência de uma localização central para a maioria das operações.
- Manutenção e actualizações regulares são necessárias.

e) <u>REAL TIME OPERATING SYSTEM</u>: O sistema operacional em tempo real é definido como um sistema de processamento de dados em que o tempo interno necessário para processar e responder aos inputs é tão pequeno que controla o ambiente. O processamento em tempo real está sempre em linha, ao passo que o sistema em linha não necessita de estar em tempo real. O tempo que o sistema demora a responder a uma entrada e exibição da informação actualizada necessária é designado como tempo de resposta. Assim, neste método, o tempo de resposta é muito menor em comparação com o processamento em linha.

Existem dois tipos de sistemas operacionais reais:

- Sistema em tempo real difícil.
- Sistema em tempo real suave.

<u>Sistema Hard Real Time</u>: Garante que a tarefa crítica seja concluída a tempo. No sistema em tempo real, o armazenamento secundário do sistema é limitado ou ausente com os dados armazenados na ROM. Nestes sistemas a memória virtual quase nunca é encontrada.

<u>Sistema Soft Real Time</u>: Os sistemas em tempo real soft são menos restritivos. As tarefas críticas em tempo real têm prioridade sobre as outras tarefas e mantêm a prioridade até a sua conclusão. Os sistemas em tempo real soft têm uma utilidade limitada do que os sistemas em tempo real hard.

6.5 <u>ALGUM SISTEMA OPERATIVO POPULAR</u>:

Alguns sistemas operativos populares que são normalmente utilizados são:

- UNIX
- MSDOS
- MICROSOFT - WINDOWS
- MICROSOFT WINDOWS NT
- LINUX

<u>UNIX</u>: É um sistema operativo multiutilizador, de tempo partilhado. Embora possa ser utilizado numa grande variedade de computadores, desde computadores portáteis a super computadores, é predominante especialmente em estações de trabalho RISC como as da Sun Microsystems, Hewlett-Packard, IBM, e Silicon Graphics.

O UNIX foi desenvolvido no início da década de 1970 nos laboratórios Bell por Ken Thompson e Denis Ritchie para o computador PDP-11. Foi o primeiro sistema operacional escrito em linguagem de alto nível, C. A prática normal até então era usar linguagem de montagem para escrever o sistema operacional devido ao qual o sistema operacional era dependente do sistema. Ou seja, eram utilizáveis num sistema para o qual foram desenvolvidos. No entanto, como o

UNIX era escrito em "C", era muito mais fácil   deslocá-lo para uma nova máquina, conhecida como "porting it" (portabilidade). Esta foi uma razão importante para a sua popularidade e disponibilidade numa grande variedade de sistemas.

MSDOS: MSDOS significa "Microsoft Disk Operating System" (Sistema Operativo de Disco Microsoft). Trata-se de um sistema operativo de utilizador único para computadores pessoais compatíveis com IBM e IBM. Foi introduzido em 1981 conjuntamente pela Microsoft e pela IBM e foi o sistema operativo mais popular para computadores pessoais na década de 80. Devido à sua popularidade, a Microsoft tomou mais tarde a decisão de lançar um sistema operativo Microsoft Windows independente na década de 90.

MICROSOFT WINDOWS: O sistema operacional Microsoft Windows foi desenvolvido pela Microsoft para superar a limitação do seu próprio sistema operacional MSDOS. A primeira versão bem sucedida deste sistema operativo foi o Windows 3.0, lançado em 1990. As versões lançadas posteriormente foram o Windows 95, Windows 98, Windows 2000, Windows XP, Windows XP Professional, Windows Vista e Windows 7 e 8. O número associado a algumas destas versões lançadas indica o seu ano de lançamento. As principais características do Microsoft Windows são as seguintes:

- É uma GUI (Graphical User Interface). Assim, para um novo utilizador é mais fácil de aprender e utilizar um sistema informático.
- As janelas Microsoft foram concebidas para ser não só um sistema operativo, mas também um sistema operativo/ambiente completo. Todos os seus programas estão de acordo com uma forma padrão de trabalho.
- Trata-se de um sistema operativo de utilizador único e multitarefa. Ou seja, um utilizador pode executar mais do que um programa de cada vez.

Com estas características, o Microsoft Windows tornou-se um sistema operativo de eleição para a maioria dos utilizadores de computadores pessoais a partir de 1990.

MICROSOFT WINDOWS NT: O Microsoft Windows NT é um sistema operativo multiutilizador e de tempo partilhado desenvolvido pela MICROSOFT. Foi concebido para ter características UNIX-Like para que possa ser utilizado em potentes estações de trabalho, redes e servidores de bases de dados. Tal como o UNIX / Linux, o Windows NT e as suas versões posteriores são suporte nativo para redes e serviços de rede. Tais sistemas operativos são classificados como "Network Operating System". As suas principais características são:

- Ao contrário do UNIX, a sua interface nativa é uma GUI.
- Suporta multiprogramação e foi concebido para tirar partido das vantagens do multiprocessamento em sistemas com processadores múltiplos.
- Incorporou funcionalidades de rede e comunicação, para que qualquer computador com Microsoft Windows NT possa ser configurado como um cliente ou servidor de rede.
- Proporciona uma segurança rigorosa do sistema.
- Possui um rico conjunto de ferramentas para o desenvolvimento de software e administração de sistemas.
- Pode executar directamente a aplicação Microsoft Windows e muitas aplicações UNIX.

LINUX: Linux é um sistema operativo de código aberto melhorado e apoiado por milhares de programadores de todo o mundo. É um sistema operativo multitarefa e multi-processamento concebido originalmente para ser utilizado em computadores pessoais. O nome "Linux" é derivado do seu inventor Linus Torvalds. Torvalds foi estudante na Universidade de Helsínquia, Finlândia, no início dos anos 90, quando escreveu a primeira versão de um UNIX-Like Kernel como um projecto de brinquedo. Mais tarde ele colocou o código na internet e pediu a programadores de todo o mundo que o ajudassem a construí-lo num sistema funcional. O resultado foi o Linux. Torvalds detém o copyright mas permite a distribuição gratuita do código fonte. Ou seja, ele supervisiona o desenvolvimento do kernel e é dono da sua marca registada. Quando alguém submete uma alteração ou uma funcionalidade, o Torvalds e a sua equipa principal de programadores do kernel revêem o mérito de a adicionar ao código fonte do kernel.

PONTOS A LEMBRAR

1. Um **sistema operativo** actua como intermediário entre o utilizador de um computador e o hardware informático.
2. O objetivo de um sistema operacional é fornecer um ambiente no qual o usuário possa executar um programa de uma maneira conveniente e eficiente.

3. Um sistema operacional gere e coordena as funções desempenhadas pelo hardware do computador, incluindo a CPU, os dispositivos de entrada/saída, os dispositivos de armazenamento secundário e os equipamentos de comunicação e rede.
4. Um "*Processo*" (também chamado "*job*") é um programa em execução.
5. O objectivo do módulo de gestão de processos de um sistema operativo é gerir o processo submetido a um sistema de forma a minimizar o tempo de inactividade dos processadores (CPU, Processadores I/O, etc.) do sistema.
6. O trabalho de gestão da memória consiste em saber quais as partes da memória que estão a ser utilizadas e quais as que estão livres. Também atribui a memória a processos quando estes necessitam dela, e desaloca quando já não precisam dela.
7. Um "*ficheiro*" é um conjunto de informações relacionadas.
8. O módulo de gestão de ficheiros de um sistema operativo trata de actividades relacionadas com ficheiros, tais como estruturação, acesso, nomeação, partilha e protecção de ficheiros.
9. A segurança informática trata da protecção de vários recursos e informações de um sistema informático contra a destruição e o acesso não autorizado.
10. O módulo de interpretação de comandos (conhecido como command interprets) de um sistema operativo fornece um conjunto de comandos através dos quais os utilizadores dão instruções a um computador para que os seus trabalhos sejam processados.
11. A partilha do tempo é uma técnica que permite a muitas pessoas, localizadas em vários terminais, utilizar um determinado computador ao mesmo tempo.
12. Os sistemas distribuídos são múltiplos processadores centrais para servir múltiplas aplicações em tempo real e múltiplos utilizadores.
13. O sistema operativo de rede funciona num servidor e fornece ao servidor a capacidade de gerir dados, utilizadores, grupos, segurança, aplicações e outras funções de rede.
14. O sistema operacional em tempo real é definido como um sistema de processamento de dados em que o tempo interno necessário para processar e responder aos inputs é tão pequeno que controla o ambiente.

<u>PERGUNTAS</u>:

1. O que é um sistema operacional? Porque é necessário para um sistema informático?
2. Quais são os dois objectivos principais de ter um sistema operativo num sistema informático?
3. Desenho da arquitectura lógica do sistema operativo.
4. Explicar o papel dos seguintes elementos no sistema operativo -
   a) Gestão de Processos.
   b) Gestão de Memória.
   c) Gestão de ficheiros.
   d) Segurança.
   e) Interpretação de comando.
5. Que parâmetros são normalmente utilizados para medir o desempenho de um sistema informático?
6. Explicar os diferentes tipos de Sistema Operativo?
7. Escreva breves notas sobre o seguinte -
   a) Produção
   b) Tempo de retorno
   c) UNIX
   d) DOS
   e) JANELA NT
   f) LINUX

CAPÍTULO 7

REDES INFORMÁTICAS

7.1 <u>SISTEMA DE COMUNICAÇÃO</u>:

Trata-se de um sistema ou instalação para a transferência de dados ou informações entre pessoas ou equipamentos. Por exemplo, diz-se que duas pessoas que falam através dos seus telemóveis estão num sistema de comunicação.

7.2 <u>ELEMENTOS BÁSICOS DO SISTEMA DE COMUNICAÇÃO</u>:

A comunicação é o processo de transferência de uma mensagem de um ponto para outro. Há três elementos de qualquer sistema de comunicação. Estes são os seguintes:

- Fonte (também conhecida como *remetente*)

- Médio
- Afundamento (também conhecido como *receptor*)

Fonte: Uma Fonte (remetente) que cria e envia uma mensagem.

Médio: Meio que transporta a mensagem de um ponto para outro.

Afundar: Uma pia (receptor) o receptor a mensagem enviada pela fonte.

Todos os três elementos básicos podem ser mostrados com a ajuda de figuras como:

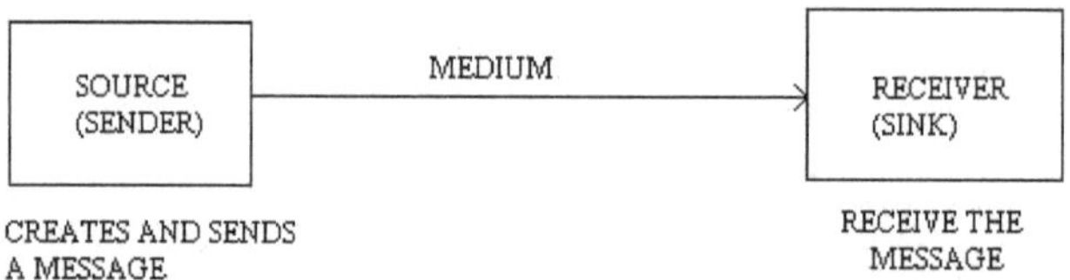

Figura 7.1: Elemento básico de um sistema de comunicação

Por exemplo, quando fala ao telefone com o seu amigo, você é o remetente (ou a fonte), a linha telefónica através da qual a sua voz é transmitida é o meio de comunicação e o seu amigo é o receptor (ou o dissipador). Este é o exemplo da comunicação de voz. O mesmo conceito também se aplica à comunicação de dados. No caso da comunicação de dados, o remetente e o receptor são normalmente máquinas e o meio de transmissão pode ser a linha telefónica (com fios), ligações por microondas ou ligações por satélite (sem fios), etc.

7.3 MODOS DE TRANSMISSÃO DE DADOS:

Os modos de transmissão de dados podem ser definidos como o modo através do qual os dados podem ser transmitidos. Existem três modos de transmissão de dados. Estes são os seguintes:
- Simplex
- Half duplex
- Full duplex

Simplex: No sistema de comunicação Simplex, os dados são transmitidos apenas numa direcção. Neste tipo de comunicação, os dispositivos são ligados a um circuito que os envia apenas (como o teclado) ou recebe apenas (como a impressora). Este tipo de comunicação pode parecer adequado para aplicações em que o fluxo de informação é unidireccional.

Por exemplo, os sinais de rádio enviados são de natureza simplex.

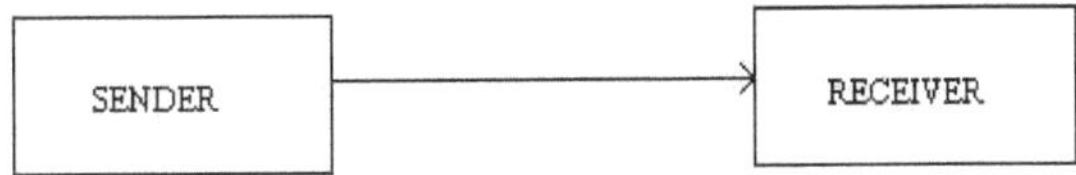

Figura 7.2(a): Simplex

Half Duplex: neste tipo de sistema de comunicação, os dados podem ser transmitidos em ambas as direcções, mas apenas numa direcção de cada vez. Assim, pode, alternadamente, enviar e receber dados. Requer dois fios. É mais adequado para a comunicação por voz utilizando telefones em que uma pessoa fala de cada vez.

Por exemplo, o tipo de comunicação Walky Talky utilizador meio duplex.

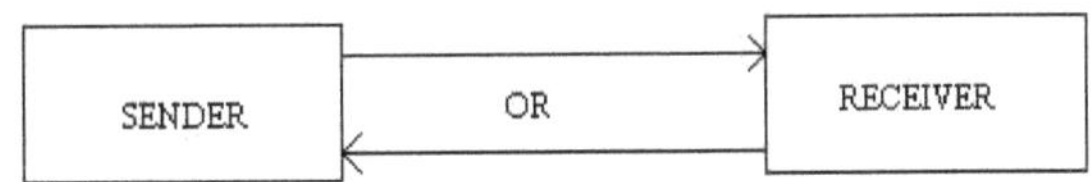

Figura 7.2(b): Half Duplex

Full Duplex: Um sistema half duplex precisa de mudar de direcção cada vez que a direcção da transferência de dados inverte. Isto requer um circuito de comutação especial e um atraso de cerca de 150 milissegundos. Quando comparado com as elevadas capacidades de processamento dos computadores modernos, este atraso é muitas vezes inaceitável. Esta é apenas uma desvantagem do sistema de comunicação half-duplex e é superada pelo sistema de comunicação full-duplex. O sistema de comunicação full duplex permite que os dados circulem em ambas as direcções em simultâneo.

Por exemplo, diz-se que duas pessoas que falam num telemóvel estão em modo de transmissão full duplex.

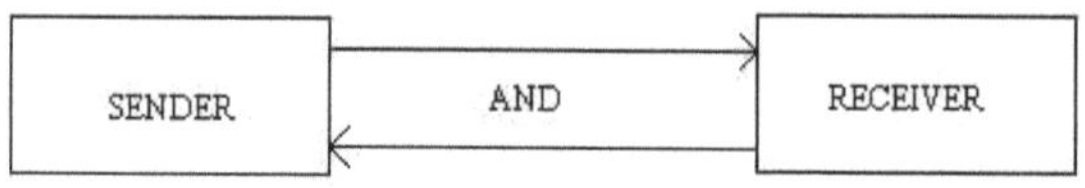

Figura 7.2(c): Duplex completo

7.4   MEIOS DE TRANSMISSÃO DE DADOS:

No sistema básico de comunicação, o meio transporta a mensagem da fonte para o receptor. Por exemplo, a gritaria para outra pessoa envolve a transmissão de voz no ar médio que transporta a voz como ondas sonoras. Ao falar num telefone, a linha telefónica é o meio através do qual os dados são transferidos da fonte para o receptor. Existem vários meios de comunicação através dos quais os dados são transferidos da fonte (remetente) para o destino (receptor). A classificação dos meios de comunicação é dada como:

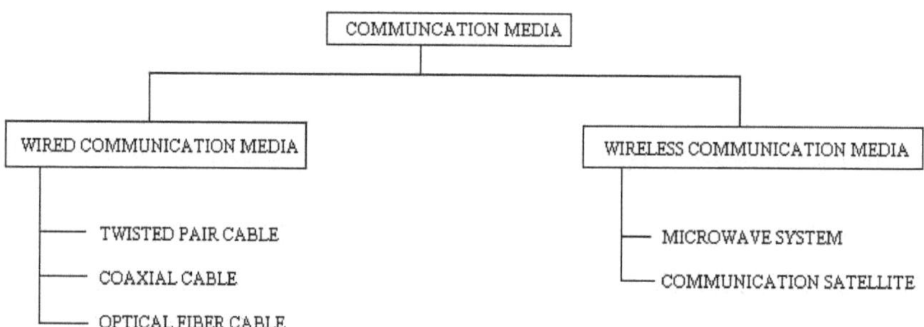

Figura 7.3: Classificação dos meios de comunicação

Meios de comunicação com fios:

Nos meios de comunicação com fios, os dados são transferidos da fonte para o receptor através de cabos. Existem três meios básicos de comunicação com fios, são eles:

- Cabo / fio de par trançado.

- Cabo coaxial.
- Cabo de Fibra Óptica (OFC).

Cabo / Fio de Par Trançado: Um cabo de par trançado consiste em dois cachos de fios finos de cobre, cada cacho fechado separadamente num isolamento plástico, depois torcidos à volta de cada um para reduzir as interferências dos fios adjacentes. Também é chamado de cabo de *par trançado não blindado* (UTP) porque, além do isolamento plástico em torno dos dois cachos individuais de fios de cobre, nada mais o protege de interferências externas. Os cabos UTP são normalmente utilizados nas comunicações telefónicas locais e na transmissão de dados digitais de curta distância (até 1 km.). Em UTP, distância até 100 metros, pode ser alcançada uma velocidade de transmissão de dados de até 9600 bps.

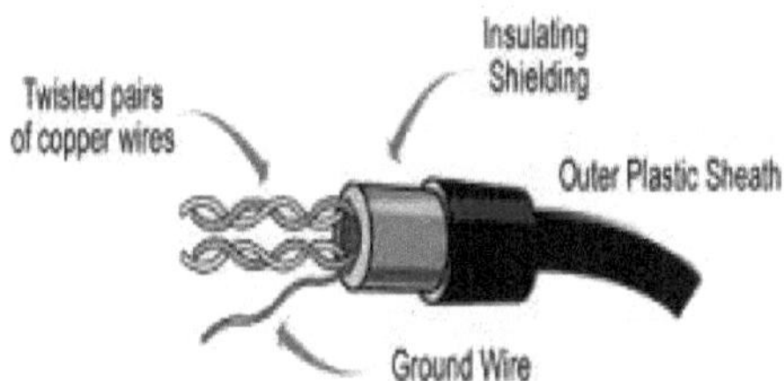

Figura 7.4: Cabo de par trançado (UTP)

Vantagens do cabo de par trançado:

- Fino, flexível.
- Barato.
- Fácil de instalar e usar.

Cabo coaxial: Os cabos coaxiais são um grupo de cabos especialmente enrolados e isolados, capazes de transmitir dados a velocidades mais elevadas. Consistem em fios de cobre centrais rodeados de isolamento em PVC sobre os quais existe uma manga de malha de cobre. A manga de malha de cobre é blindada novamente por uma blindagem exterior de material PVC espesso. O sinal é transmitido pelo fio de cobre interno e é protegido electricamente pela manga exterior de malha de cobre. Oferecem uma largura de banda muito superior à dos cabos UTP e podem transmitir sinais digitais a velocidades até 10 mega bps. São utilizados extensivamente em linhas telefónicas de longa distância e como cabos para TV por cabo.

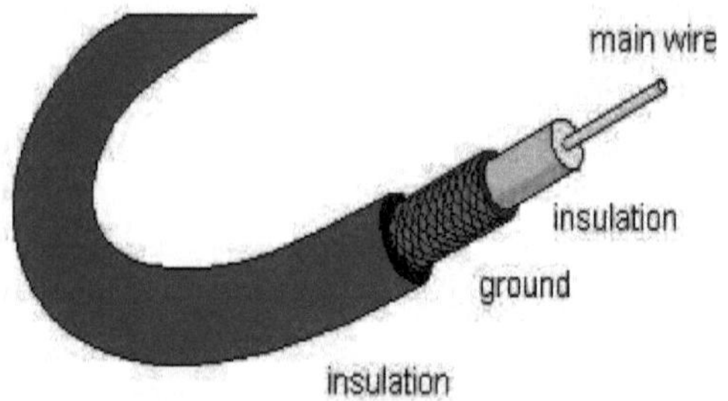

Figura 7.5: Um cabo coaxial

Vantagens do Cabo Coaxial:

- Taxa de dados mais elevada do que a UTP
- Imunidade ao ruído mais elevada
- Transmissão de dados mais limpa sem perda de sinal.
- Os cabos coaxiais são relativamente mais baratos do que o OFC.

<u>Cabo de Fibra Óptica (OFC):</u> As Fibras Ópticas são fios finos de vidro ou plástico utilizados como meio de transmissão de dados, como fios de cobre ou cabos coaxiais. O Cabo de Fibra Óptica transmite sinais luminosos em vez de sinais eléctricos. Como a velocidade da luz é muito superior à da electricidade, as fibras ópticas podem transmitir dados a uma velocidade muito superior à dos fios de cobre, sem perda significativa de intensidade em longas distâncias, os OFC são feitos de fibra de vidro, plástico ou sílica plástica são menos eficientes, mas são mais baratos e mais robustos. A fibra de vidro ou sílica é muito mais pequena e a sua menor atenuação torna-os mais adequados para canais de alta capacidade.

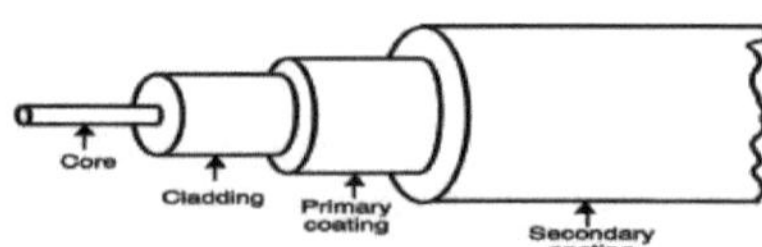

Figura 7.6 (a): Cabo de Fibra Óptica

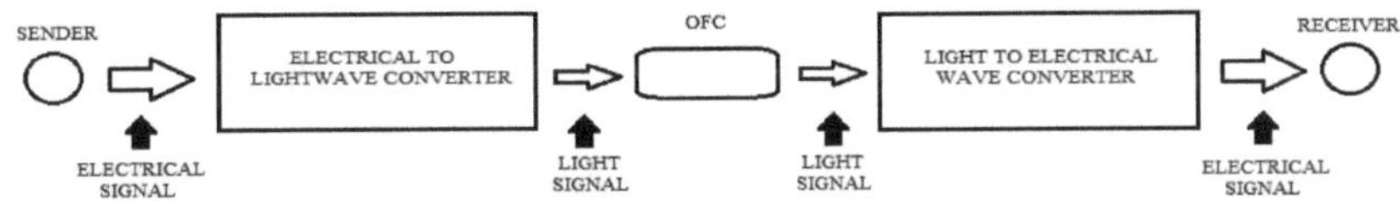

Figura 7.6 (b): Um sistema de comunicação OFC

Vantagem do Cabo de Fibra Óptica:

- Grande largura de banda
- Baixa perda
- Pequenas dimensões e peso reduzido
- Muito mais seguro do que outros meios de comunicação com fios

<u>Meios de comunicação sem fios:</u>

Nos meios de comunicação sem fios, os sinais são enviados através de sinais de rádio ou de microondas. Os sistemas de comunicação sem fios são ainda classificados em dois sistemas:

- Sistema de micro-ondas
- Satélite de comunicação

<u>Sistema de micro-ondas</u>: O sistema de microondas utiliza um sinal de rádio de muito alta frequência para transmitir dados através do espaço. No entanto, nas frequências de microondas, as ondas electromagnéticas não podem dobrar ou passar obstáculos como edifícios altos ou colinas. Assim, transmissor e receptor de um sistema de microondas, montado em torres muito altas. Além disso, os sinais tornaram-se mais fracos depois de percorrerem uma certa distância e requerem amplificação de potência. Para ultrapassar o problema ou a amplificação de potência de sinais fracos, o sistema de microondas utiliza repetidores a intervalos de cerca de 25 - 30 kms entre as estações emissora e receptora.

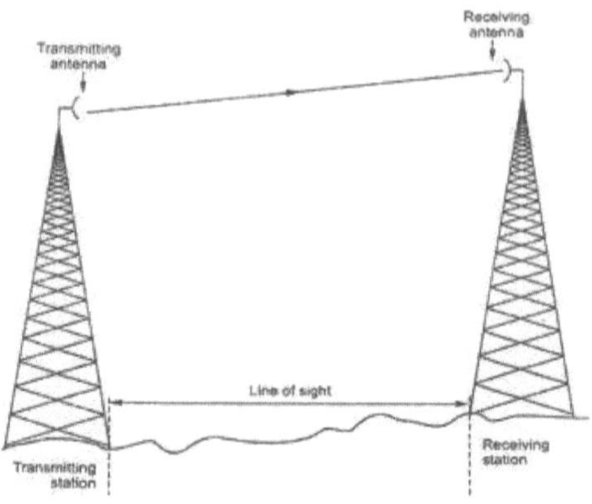

Figura 7.7: Sistema de comunicação por micro-ondas

Vantagens do Micro-ondas:

- Velocidade muito elevada (até 16 Giga bps)
- Pode suportar até 250000 canais de voz em simultâneo.

<u>Satélite de Comunicação</u>: O problema é que o sistema de comunicação por micro ondas é que o sinal fica mais fraco após uma determinada distância, este problema é ultrapassado através da utilização de satélites. Os satélites de comunicação são estações de retransmissão de micro ondas colocadas no espaço exterior. São lançadas por foguetes ou naves espaciais e estão posicionadas precisamente 36000 kms acima do equador, com uma velocidade de órbita que corresponde exactamente à velocidade de rotação da Terra. Uma vez que um satélite está posicionado em órbita geossíncrona, está parado em relação à Terra e permanece sempre sobre o mesmo ponto no solo. Isto permite a uma estação terrestre apontar a sua antena para um ponto fixo no céu. Cada satélite pode receber e retransmitir sinais para um pouco menos de metade da superfície da Terra. Por conseguinte, são necessários pelo menos três satélites em órbita geossíncrona para fornecer um serviço de transmissão de dados a nível mundial.

Nas comunicações por satélite, o sinal de micro-ondas a 6 GHZ ou 14 GHZ é transmitido na Terra ao satélite posicionado no espaço. A esta altura o sinal chega ao satélite e torna-se fraco devido a 36000 kms de percurso. Um transponder, montado no satélite, amplifica o sinal fraco e transmite-o de volta à Terra a uma frequência de 4 GHZ ou 11 GHZ. Este sinal é recebido numa estação receptora na Terra.

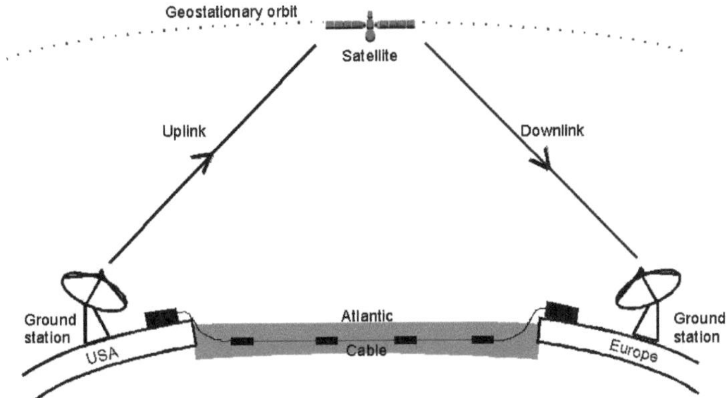

Figura 7.8: Um sistema de comunicação por satélite

Vantagem do Satélite de Comunicação:

- O custo da transmissão de dados é independente da distância entre dois pontos, desde que estes dois pontos se encontrem dentro da área de cobertura do satélite.
- Um satélite com muitos transponders tem enormes capacidades de comunicação de dados.
- Como suporta as comunicações sem fios, não exige a instalação de cabos e os custos associados à escavação do terreno.
- A detecção de erros é trivial nas comunicações por satélite porque uma estação emissora pode receber de volta a sua própria transmissão e verificar se o satélite transmitiu os dados correctamente.

7.5 **REDE INFORMÁTICA:**

A rede informática pode ser definida como:

"Uma rede informática é uma rede de computadores distribuída geograficamente, mas ligada de forma a permitir a transmissão e o intercâmbio de dados entre eles, com todo o seu significado".

ou

"Uma rede informática é um conjunto de computadores e dispositivos periféricos ligados por algumas ligações de comunicação que permitem que os componentes da rede trabalhem em conjunto".

ou

Figura 7.9: Rede informática

Os principais objectivos da rede informática são:

- Partilha de informação.
- Partilha de recursos.
- Partilha da carga de processamento.

Existem dois tipos de tecnologias de transmissão geralmente utilizadas durante a ligação em rede:

- Rede de Radiodifusão
- Rede Ponto a Ponto

Rede de Radiodifusão: Tem um único canal de comunicação que é partilhado por todas as máquinas da rede.
Por exemplo, os sinais de rádio.

Rede Ponto a Ponto: É constituída por muitas ligações entre pares de máquinas individuais.
Por exemplo, a rede móvel.

7.6 **TOPOLOGIA DE REDE:**

A topologia de uma rede refere-se à forma como os nós da rede (computador ou outros dispositivos que necessitem de comunicar) estão ligados entre si. Determina as várias vias de dados disponíveis entre quaisquer pares de nós da rede. Embora o número de topologias de rede possíveis seja ilimitado, são quatro as principais topologias de rede:

- Topologia da Rede Star.
- Topologia da Rede de Anéis.
- Topologia de Rede Completamente Conectada.
- Topologia da Rede de Autocarros Multi Acesso.
- Rede Híbrida

A selecção de uma topologia para uma rede informática depende de uma combinação de factores como, por exemplo

a) Desempenho desejado do sistema.
b) Fiabilidade pretendida para o sistema.
c) Dimensão do sistema.
d) Expansibilidade do sistema.
e) Custo da componente e do serviço necessários para implementar a rede.
f) Disponibilidade de linhas de comunicação.
g) Atraso envolvido no encaminhamento da informação de um nó para outro.

Topologia estelar: Na topologia de rede Star, vários nós estão ligados a um nó anfitrião. Ou seja, os nós da rede estão ligados entre si através do nó anfitrião e só podem comunicar através do nó anfitrião.

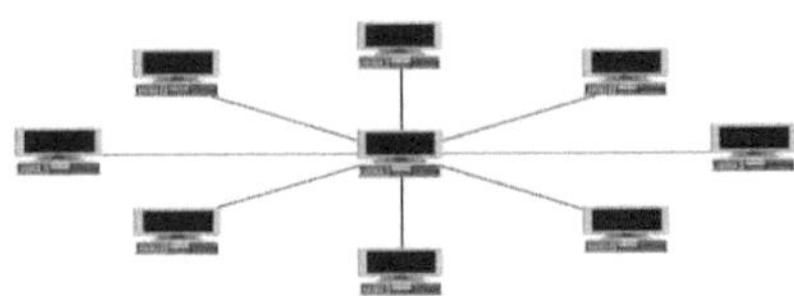

Figura 7.10: Topologia da rede Star

Vantagens da Topologia Estrela:

a) Tem um custo mínimo de linha, as linhas "n-1" são necessárias para ligar os nós "n".
b) O atraso na transmissão entre dois nós não aumenta com a adição de novos nós à rede.
c) Se algum nó, que não seja o do hospedeiro, falhar, os nós restantes não são afectados.

Desvantagem da Topologia Estrela:

a) O sistema depende directamente do nó anfitrião. Se falhar, toda a rede falha.

Topologia do Anel: Na topologia do Anel, cada nó tem dois subordinados em comunicação (nós adjacentes com os quais pode comunicar directamente), mas não existe um nó mestre para controlar os outros nós. Um nó recebe dados de um dos seus nós adjacentes. A única decisão que um nó tem que tomar é se os dados são para seu próprio uso. Se lhe for dirigido, ele utiliza-o. Caso contrário, limita-se a passá-los para o nó seguinte.

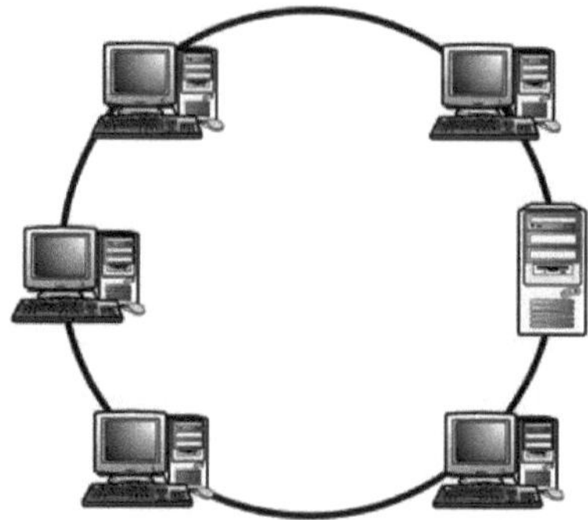

Figura 7.11: Topologia da rede de anéis

Vantagem da Topologia do Anel:
- **a)** A rede de anéis funciona bem porque não existe um nó central para a tomada de decisões de encaminhamento.
- **b)** É mais fiável do que a rede estelar, porque a comunicação não depende de um único nó central.

Desvantagens da Topologia do Anel:

- **a)** O atraso na comunicação é directamente proporcional ao número de nós.
- **b)** Requer um software de controlo mais complicado do que as redes estelares.

Topologia de Rede Conectada Completa: Tem uma ligação física separada para ligar cada nó a qualquer outro nó. Assim, cada nó tem uma ligação directa, chamada ligação ponto a ponto, com todos os outros nós da rede.

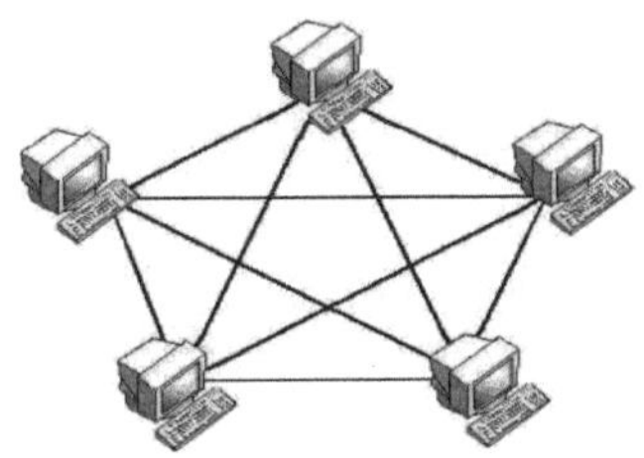

Figura 7.12: Topologia de Rede Conectada Completa

Vantagem da Topologia Conectada Completa:

a) É muito fiável porque qualquer falha de ligação afectará a comunicação directa entre os nós ligados por essa ligação.
b) Cada nó da rede não necessita de ter capacidade de encaminhamento individual.
c) A comunicação é muito rápida entre quaisquer dois nós.

Desvantagem da Topologia Conectada Completa:

a) É a rede mais cara de todas as outras, pois tem uma ligação dedicada entre cada par de nós da rede.

Rede de Autocarros Multi-Acesso: Na rede de autocarros multiacessos, todos os nós estão ligados à mesma linha de comunicação (canal). Quando um nó quer enviar uma mensagem para outro nó, anexa o endereço de destino da mensagem e verifica se a linha de comunicação está livre. Assim que a linha se torna livre, transmite a mensagem na linha. Quando a mensagem viaja na linha, cada nó verifica se a mensagem lhe é endereçada. A mensagem é escolhida pelo nó de endereço que envia um aviso de recepção ao nó de origem e liberta a linha.

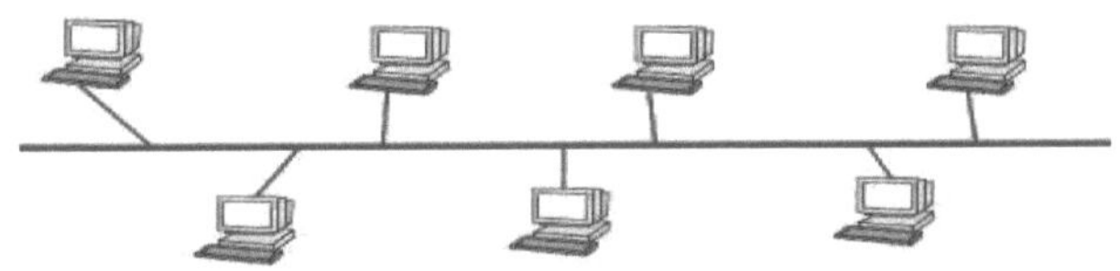

Figura 7.13: Topologia da rede de autocarros de múltiplos acessos

Vantagens da Topologia dos Autocarros Multi Acesso:

a) Ajuda a reduzir o número de linhas físicas.
b) A falha do nó não afecta a comunicação entre outros nós da rede.
c) A adição de um novo nó na rede é fácil.

Desvantagem da Topologia dos Autocarros de Acesso Múltiplo:

a) Todos os nós da rede devem ter uma boa capacidade de comunicação e de tomada de decisões.
b) Se a linha de comunicação partilhada falhar, toda a rede falha.

Topologia de rede híbrida: **A** topologia de rede híbrida é a colecção de duas ou mais topologias de rede diferentes.

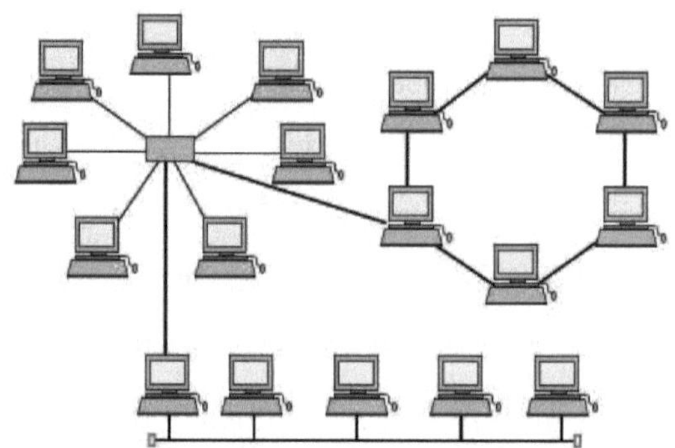

Figura 7.14: Topologia de Rede Híbrida (colecção de Anel, Estrela e Completamente Ligada)

7.7   TIPOS DE REDE:

A rede pode ser classificada em três categorias, como:

- LAN (Local Area Network)
- MAN (Metropolitan Area Network)
- WAN (Wide Area Network)

Rede Local (LAN): Rede que liga computadores que se encontram a uma pequena distância uns dos outros são designadas por rede local (LAN)

Por exemplo, a rede é um escritório ou um colégio. A rede local utiliza normalmente cabos coaxiais para ligar os computadores em conjunto. Dois ou mais computadores ligados entre si podem partilhar, para além dos dados, os seus periféricos. Tais como impressora, modem, etc. Isto reduz muito o equipamento de hardware perdido. Todas as redes locais transferem dados em formato digital a alta velocidade e têm um baixo custo de implementação.

Algumas aplicações realizadas por uma LAN são as seguintes:

a) Transferência de ficheiros e acesso.
b) Acesso à Internet.
c) Fornecimento de Sistema de Informação de Gestão.

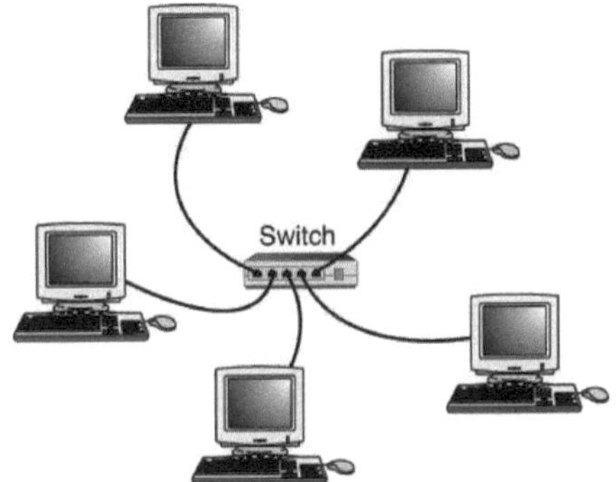

Figura 7.15: Rede Local

<u>Rede da Área Metropolitana (MAN):</u> A Rede Metropolitana de Área utiliza o autocarro dual de fila distribuída. A rede da área metropolitana é maior do que a rede local e pode cobrir áreas tão grandes como uma cidade. O sistema de autocarros duplos em fila de espera distribuída é composto por dois autocarros ligados a todos os computadores. Por exemplo, a rede de televisão por cabo. A rede da área metropolitana também pode ser definida como a rede de recolha de LAN.

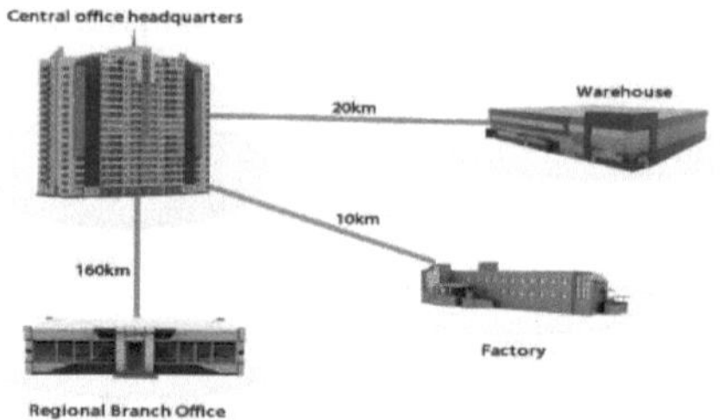

Figura 7.16, Rede da Área Metropolitana

Wide Area Network (WAN): A rede de área alargada liga computadores que são colocados remotamente. Pode ligar-se entre os países ou continentes ou a nível mundial. A Rede de Área Larga é também designada por *Rede de Longo Curso*.

Por exemplo - Internet

Figura 7.17: Rede de área ampla

Diferença entre LAN e WAN

Sl. Não.	Rede Local (LAN)	Rede de Área Ampla (WAN)
01	Trata-se de uma rede local.	Trata-se de uma vasta rede de áreas.
02	Geralmente liga um ou mais edifícios dentro da faixa de 2 a 3 kms.	Estabelece a ligação entre organismos que podem atravessar fronteiras internacionais.
03	A sua velocidade média de transmissão é inferior à da WAN	A sua velocidade de transmissão é superior à da LAN
04	O fluxo de informação é restrito.	Enorme fluxo de informação.
05	Exemplo - Rede de colégios	Exemplo - Internet

PONTOS A LEMBRAR

1. A comunicação é o processo de transferência de uma mensagem de um ponto para outro.
2. *Os modos de transmissão de dados podem ser definidos como o modo através do qual os dados podem ser transmitidos.* Existem três modos de transmissão de dados - Simplex, half duplex e full duplex.
3. Nos meios de comunicação com fios, os dados são transferidos da fonte para o receptor através de cabos.
4. Nos meios de comunicação sem fios, os sinais são enviados através de sinais de rádio ou de microondas.
5. Uma rede informática é um conjunto de computadores e dispositivos periféricos ligados por algumas ligações de comunicação que permitem que os componentes da rede trabalhem em conjunto.
6. A Broadcast Network tem um único canal de comunicação que é partilhado por todas as máquinas da rede.
7. A Rede Ponto a Ponto consiste em muitas ligações entre pares de máquinas individuais.
8. A topologia de uma rede refere-se à forma como os nós da rede (computador ou outros dispositivos que necessitem de comunicar) estão ligados entre si.
9. As redes que ligam computadores situados a uma pequena distância uns dos outros são designadas por rede local (LAN).
10. A rede da área metropolitana é maior do que a rede local e pode abranger áreas tão grandes como uma cidade.
11. A rede de área alargada liga computadores que são colocados remotamente. Pode ligar-se através dos países ou continentes ou de todo o mundo.

PERGUNTAS:

1- O que é rede informática? Qual é a sua utilidade?
2- Identificar os elementos básicos do sistema de comunicação?
3- Diferenciar entre o modo de transmissão simplex, half-duplex e full-duplex.
4- Explicar os vários tipos de meios de transmissão.
5- O que é um cabo de fibra óptica?
6- O que é topologia de rede?
7- O que é topologia de rede híbrida? Porque são utilizados?
8- Escreva breves notas sobre o seguinte -
a) Rede de Autocarros Multi Acesso
b) Rede Star

c) Rede de Anéis
d) Rede Local
e) Rede de Área Ampla
f) DQDB
g) Modos de transmissão de dados
h) Meios de transmissão de dados

CAPÍTULO - 8

INTERNET E SUAS APLICAÇÕES

8.1 INTRODUÇÃO À INTERNET:

Internet pode ser definida como:

"A Internet é a rede de computadores que liga muitos tipos diferentes de computadores em todo o mundo".

ou

"A Internet é a rede de redes que partilham um mecanismo comum de endereçamento de computadores e um conjunto comum de regras (protocolos) para a comunicação entre dois computadores na rede".

ou

"A Internet é um sistema global de redes informáticas interligadas que utilizam as regras e regulamentos normalizados (ou seja, protocolos) para ligar vários milhares de milhões de dispositivos em todo o mundo".

ou

"Internet é o nome de um vasto sistema mundial composto por pessoas, informação e computadores".

ou

"A Internet é uma rede de computadores que liga muitos tipos diferentes de computadores em todo o mundo".

<u>Figura 8.1: Internet</u>

8.2 <u>HISTÓRIA DA INTERNET:</u>

As raízes da Internet estão no projecto denominado sistema APRANET (Advance Research Projects Agency Network). O sistema ARPANET é o sistema de uma agência de projectos de investigação avançada do Departamento de Defesa dos Estados Unidos da América. A ARPANET foi a primeira WAN (Wide Area Network) e tinha apenas quatro sítios em 1969.

A Internet evoluiu de ideias básicas da ARPANET para interligar computadores e foi utilizada inicialmente por organizações de investigação e universidades para partilhar e trocar informações. Em 1989, o governo dos EUA levantou as restrições à utilização da Internet e permitiu que esta fosse também utilizada para fins comerciais. Desde então, a Internet cresceu rapidamente para se tornar a maior rede do mundo. Actualmente interliga mais de 30000 redes, permitindo mais de 20 milhões de computadores e mais de 50 milhões de utilizadores de computadores em mais de 150 países em todo o mundo para comunicação entre si. A Internet continua a crescer a um ritmo acelerado.

8.3 <u>SERVIÇOS BÁSICOS DA INTERNET:</u>

Existem quatro tipos de serviços básicos prestados pela Internet aos seus utilizadores. Estes são:

- Correio electrónico
- Protocolo de transferência de ficheiros
- Telnet
- World Wide Web

<u>**CORREIO ELECTRÓNICO (e-mail)**</u>: O serviço de correio electrónico (em suma, o correio electrónico) permite aos utilizadores da Internet enviar um correio (ou mensagem) a outro utilizador da Internet em qualquer parte do mundo, em tempo real. Uma mensagem de correio electrónico demora alguns segundos a vários minutos para chegar ao destino, porque se desloca de uma rede para outra até chegar ao seu destino.

O serviço de correio electrónico tem muitas semelhanças com o serviço de correio postal. Todos os utilizadores da Internet têm um endereço de correio electrónico, tal como todos nós temos um endereço postal. Cada utilizador da Internet tem uma caixa de correio lógica, tal como cada um de nós tem uma caixa de correio na nossa casa. Ao enviar um correio para outro utilizador, o remetente especifica o endereço de correio electrónico do destinatário, tal como nós escrevemos o endereço postal do destinatário de um correio no sistema de correio postal. O serviço de correio electrónico entrega um correio já enviado na caixa de correio do seu receptor. O destinatário extrai o correio da sua caixa de correio e lê-o à sua hora conveniente, tal como no sistema de correio postal. Depois de ler a mensagem, o destinatário pode guardá-la, apagá-la, passá-la a outra pessoa ou responder enviando outra mensagem de volta.

A mensagem no serviço de correio electrónico pode conter não só documentos de texto, mas também dados de imagem, áudio e vídeo. A única restrição é que os dados tenham de ser digitalizados, ou seja, convertidos para um formato legível por computador.

<u>Figura 8.2: Email</u>

Em comparação com o correio em papel, telefone e fax, muitos preferem o e-mail devido às seguintes vantagens:

a) É mais rápido do que o correio em papel.

b) Ao contrário do telefone, a pessoa que comunica não precisa de estar disponível ao mesmo tempo.

c) Ao contrário do fax, os documentos podem ser armazenados num computador e podem ser editados facilmente através de um programa de edição.

Protocolo de transferência de ficheiros: O serviço File Transfer Protocol (conhecido como FTP) permite a um utilizador da Internet mover um ficheiro de um computador para outro computador na Internet. Um ficheiro pode conter qualquer tipo de informação digital - documento de texto, imagem, áudio, vídeo, etc. Mover um ficheiro de um computador para o seu próprio computador é conhecido como transferir o ficheiro, e mover um ficheiro do seu próprio computador para um computador remoto é conhecido como carregar o ficheiro.

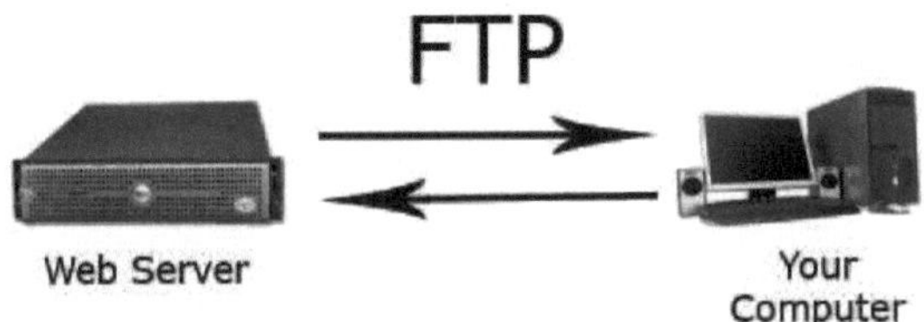

Figura 8.3: Protocolo de transferência de ficheiros

Ao utilizar o serviço FTP, a transferência de ficheiros processa-se da seguinte forma:

a) Um utilizador executa o comando "ftp" no seu computador local, especificando o endereço do computador remoto como parâmetro.

b) Um processo FTP executado no computador do utilizador (denominado processo cliente FTP) estabelece uma ligação com um processo FTP executado num computador remoto (denominado processo servidor FTP)

c) O sistema pede então ao utilizador que introduza o seu nome de login e palavra-chave no computador remoto para garantir que o utilizador está autorizado a aceder ao computador remoto.

d) Após o login bem sucedido, o(s) ficheiro(s) desejado(s) são descarregados ou carregados utilizando os comandos "get" (para descarregar) e "put" (para carregar).

O serviço FTP é também utilizado para operações de transferência de ficheiros mais seguras. Nesses casos, um utilizador necessita de um nome de utilizador e senha válidos para aceder a um determinado computador. Isto é comum, por exemplo, para as organizações que apenas deixam determinadas pessoas aceder ao seu computador.

Telnet: O serviço Telnet permite a um utilizador da Internet aceder a outro computador na Internet para o seu computador local. Ou seja, o utilizador pode executar o comando 'telnet' no seu computador para iniciar uma sessão de login num computador remoto. Esta acção é também designada por 'login remoto'.

Para iniciar uma sessão de login remoto, um utilizador digita o comando 'telnet' e o endereço do computador remoto no seu terminal informático local. O sistema pede então ao utilizador que introduza um nome de início de sessão (user ID) e uma palavra-passe. Ou seja, o computador remoto autentica o utilizador para garantir que este está autorizado a aceder ao mesmo. Se o utilizador especificar um nome de início de sessão e uma palavra-passe correctos, é efectuado o login no computador remoto. Uma vez estabelecida a sessão de login com o computador remoto, o telnet entra em modo de entrada e qualquer coisa digitada no terminal do computador local pelo usuário é enviada para o computador remoto para processamento.

Algumas características comuns do serviço telnet são:

a) Utilização da capacidade computacional do computador remoto.
b) Utilização de software em computador remoto.
c) Acesso a base de dados ou arquivo de computador remoto.
d) Para iniciar sessão no seu próprio computador a partir de outro computador.

World Wide Web (www): A World Wide Web (ou www ou w3) é o método mais popular e promissor de acesso à Internet. A sua popularidade deve-se principalmente à utilização de um conceito denominado "hipertexto". O "hipertexto" é a nova forma de armazenamento e recuperação de informação que permite aos autores estruturar a informação de formas inovadoras. Um documento de hipertexto eficazmente concebido pode ajudar os utilizadores a localizar rapidamente o tipo de informação desejada a partir de uma vasta quantidade de informação na Internet. Os documentos em hipertexto permitem-no através de um serviço de ligações. Uma hiperligação é apresentada no ecrã de múltiplas formas, tais como um botão rotulado, texto destacado ou texto a cores diferentes do texto normal. Uma "ligação" é um tipo especial de item no documento hipertexto que liga o documento a outro documento que fornece mais informações sobre o item ligado. Este último documento pode estar em qualquer lugar na Internet.

8.4 <u>UTILIZAÇÕES DA INTERNET:</u>

O âmbito mundial da Internet torna-a a ferramenta mais valiosa para ser utilizada de muitas formas significativas tanto por organizações sem fins lucrativos como por organizações comerciais. Algumas das utilizações da Internet são:

a) **<u>Partilha de Software</u>** - A Internet fornece acesso a um grande número de software, ferramentas de desenvolvimento e utilitários shareware.

b) **<u>Comunicação Online</u>** - Os utilizadores de computadores em todo o mundo utilizam amplamente o serviço de correio electrónico na Internet para comunicar uns com os outros.

c) **<u>Publicação de informações de interesse geral</u>** - Muitos utilizadores utilizam a Internet como um grande quadro electrónico no qual podem ser publicadas informações de interesse geral para chamar a atenção dos utilizadores interessados em todo o mundo.

d) **<u>Troca de pontos de vista sobre temas de interesse comum</u>** - A Internet tem uma série de novos grupos. Cada grupo de notícias permite a um grupo de utilizadores trocar as suas opiniões sobre algum tema de interesse comum.

e) **<u>Promoção de Produtos</u>** - Várias organizações comerciais utilizam o serviço de Internet para promover eficazmente os seus produtos.

f) **<u>Feedback sobre produtos</u>** - As organizações comerciais também utilizam a Internet para recolher informação sobre a satisfação dos utilizadores dos produtos existentes, oportunidades de mercado de novos produtos, e ideias para potenciais novos produtos.

g) **<u>Serviço de suporte ao cliente</u>** - Muitas organizações também utilizam a Internet para fornecer suporte ao cliente em tempo hábil.

h) **<u>Periódicos e Revistas Online</u>** - A Internet tem agora literalmente milhares de assinaturas electrónicas encontradas tanto de graça como a baixo custo. Existem muitos sites na Internet que lidam com versões electrónicas de muitas revistas e periódicos.

i) **<u>Compras online</u>** - A Internet também facilitou a introdução de um novo conceito de mercado que consiste em lojas virtuais. Estas lojas permanecem abertas 24 horas por dia durante todo o ano e são acessíveis aos compradores de todo o mundo.

j) **<u>Videoconferência mundial</u>** - A videoconferência mundial é um serviço emergente na Internet que permite a um grupo de utilizadores localizados em todo o mundo falar e interagir uns com os outros como se estivessem sentados a discutir numa única sala.

8.5 <u>TRABALHO NA INTERNET:</u>

A interconexão de duas ou mais redes para formar uma única rede chama-se "trabalho na Internet" e a rede resultante chama-se "trabalho na Internet".

As redes Internetworks são frequentemente redes heterogéneas compostas por vários segmentos que podem diferir em topologia e protocolos (regras e regulamentos). Por exemplo, deixar um interwork ter uma rede local múltipla. Algumas destas LANs podem ter topologia de bus multi-acesso enquanto outras podem ter topologia de anel. Algumas delas podem estar a utilizar tecnologia Ethernet enquanto outras podem estar a utilizar tecnologia token ring.

O trabalho na Internet permite que estas redes relativamente pouco relacionadas evoluam para uma única rede de trabalho. Ou seja, o objectivo do trabalho na Internet é interligar diferentes redes físicas e ocultar os seus pormenores, permitindo. O trabalho na Internet para funcionar é uma única unidade de coordenação.

Um conjunto de diferentes redes ligadas entre si ou um conjunto de anfitriões ligados entre si por uma sub-rede é designado por rede Internet. O anfitrião pode ainda ser ligado a outros terminais através de uma LAN ou de uma WAN. Uma rede de Internet pode ser tão grande como a nossa imaginação.

Figura 8.4: Trabalho na Internet

8.6   __MOTOR DE BUSCA:__

Os motores de busca resolvem o problema da pesquisa em determinados sites, uma vez que existem milhares de sites na Internet, então se um grande problema é encontrar o site apropriado de interesse do utilizador. Agora o problema é resolvido com a descoberta do motor de busca.

Os motores de busca são, na verdade, um sítio web e contêm links para milhões de páginas web. Apenas tem de digitar o URL (Uniform Resource Locator) no motor de busca e digitar a palavra-chave do documento que está a pesquisar. Existem diferentes métodos para introduzir as palavras-chave com base em diferentes motores de busca. Depois de digitar a palavra-chave para pesquisa, basta pressionar o botão "Pesquisar" e obterá a lista de documentos de hipertexto, que contém a palavra-chave que tem de pesquisar. O próximo passo é seleccionar um documento apropriado e clicar sobre ele para entrar no seu site. Poderá então visualizar as suas páginas e navegar pelo seu conteúdo.

Alguns motores de busca populares são...
- www.google.com
- www.yahoo.com
- www.ask.com
- www.bing.com
- www.webcrawler.com
- www.info.com
- www.dogpile.com

Figura 8.5: Motores de Busca

PONTOS A LEMBRAR

1. A Internet é a rede de computadores que liga muitos tipos diferentes de computadores em todo o mundo.
2. As raízes da Internet residem no projecto denominado sistema APRANET (Advance Research Projects Agency Network).
3. O serviço de correio electrónico (abreviadamente designado por correio electrónico) permite aos utilizadores da Internet enviar um correio (ou mensagem) a outro utilizador da Internet em qualquer parte do mundo, em tempo real, na retaguarda.
4. O serviço File Transfer Protocol (conhecido como FTP) permite a um utilizador da Internet mover um ficheiro de um computador para outro computador na Internet.
5. O serviço Telnet permite a um utilizador da Internet aceder a outro computador na Internet para o seu computador local.
6. A World Wide Web (ou www ou w3) é o método mais popular e promissor de acesso à Internet.
7. A interconexão de duas ou mais redes para formar uma única rede chama-se "trabalho na Internet" e a rede resultante chama-se "trabalho na Internet".
8. Os motores de busca são, na verdade, um sítio web e contêm links para milhões de páginas web.

PERGUNTAS:

1. O que é a Internet? Como é que evoluiu?

2. Indique alguns serviços básicos prestados pela Internet. Explique de que forma cada um destes serviços ajuda os utilizadores da Internet.
3. De que forma o serviço de correio electrónico é semelhante ao serviço postal?
4. Enumere algumas vantagens e desvantagens do serviço de correio electrónico em relação ao serviço de fax.
5. O que é um correio electrónico?
6. O que é o Protocolo de Transferência de Arquivos? Liste as etapas envolvidas no download/upload de um ficheiro utilizando o serviço FTP.
7. Enumere algumas utilizações comuns do serviço Telnet.
8. Escreva breves notas sobre o seguinte -
   - World Wide Web
   - Motor de busca
   - Trabalho na Internet
   - Telnet
9. O que é o trabalho na Internet e como é útil?

CAPÍTULO - 9

PROGRAMAS INFORMÁTICOS

Os termos "*Hardware*" e "*Software*" são utilizados frequentemente em ligação com computadores. O termo "Hardware" refere-se aos dispositivos físicos de um sistema informático. Por exemplo, os dispositivos de entrada, armazenamento, processamento, controlo e saída são hardware.

O termo "*Software*" será introduzido neste capítulo e será objecto de um debate mais aprofundado.

9.1   <u>O QUE É SOFTWARE?</u>

Um computador não pode fazer nada por si só. Deve ser instruído para fazer um trabalho desejado por nós. Por isso, é necessário especificar uma sequência de instruções que um computador deve executar para resolver um problema. Essa sequência de instruções escritas numa língua compreendida por um computador chama-se "***Programa de computador***". Um programa controla a actividade de processamento e o computador executa precisamente o que o computador quer fazer. Quando um computador está a utilizar um programa para executar uma tarefa, dizemos que está a executar ou a executar um programa ou esse programa.

Assim, o software pode ser definido da seguinte forma -

"É um conjunto de programas de computador, procedimentos e documentos associados (fluxogramas, manuais, etc.) que descrevem os programas, e que agora devem ser utilizados".

ou

"Software significa instruções ou dados informáticos".

ou

"Software" é um termo geral para os vários tipos de programas utilizados para operar computadores e dispositivos relacionados. "

ou

"Software de computador ou Software é qualquer conjunto de máquinas - instruções legíveis que direcionam o processador de um computador para realizar operações específicas. "

Um ***pacote de software*** é um grupo de programas que resolve um problema específico ou executa uma tarefa específica.

Por exemplo, um pacote de processamento de texto pode conter programas para edição de texto, formatação de texto, desenho gráfico, verificação ortográfica, etc. Assim, um sistema de computador multiusos, como um computador pessoal em sua casa, tem vários pacotes de software, um para cada tipo de trabalho que pode realizar.

Fig 9.1: Pacotes de software

9.2 RELAÇÃO ENTRE HARDWARE E SOFTWARE:

Para que um computador produza resultados úteis, o seu hardware e software devem funcionar em conjunto. Nada de útil pode ser feito com o hardware por si só, e o software não pode ser utilizado sem suporte de hardware.

Por analogia, um leitor de cassetes e os seus cassetes comprados no mercado são hardware. No entanto, as músicas gravadas nas cassetes são o seu software. Para ouvir uma música, essa música tem de ser gravada primeiro numa das cassetes, esta é depois montada no leitor de cassetes e reproduzida. Da mesma forma, para que um trabalho seja feito por um computador, o software correspondente tem de ser carregado primeiro no hardware e depois executado.

Seguem-se os pontos importantes relativos à relação entre o hardware e o software que são evidenciados por esta analogia:

- Tanto o hardware como o software são necessários para que um computador possa fazer um trabalho útil. Ambos são complementares um ao outro.
- O mesmo hardware pode ser carregado com diferentes softwares para fazer um computador executar diferentes tipos de trabalho, tal como diferentes músicas podem ser tocadas usando o mesmo leitor de cassetes.
- Com excepção das actualizações (como o aumento da memória principal e da capacidade do disco rígido, ou a adição de colunas,

modems, etc.), o hardware é normalmente uma despesa pontual, enquanto o software é uma despesa contínua.

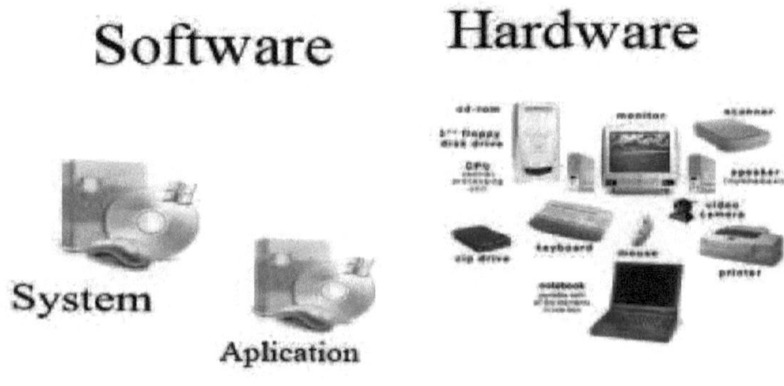

Fig 9.2: Software e Hardware

9.3   **TIPOS DE SOFTWARE**:

Uma vez que o número de programas informáticos presentes no mercado é enorme, mas os programas informáticos estão, em geral, classificados em duas categorias principais:

a) **Software do sistema**
b) **Software de Aplicação**

   a) **Software do sistema**: O software de sistema é um conjunto de um ou mais programas concebidos para controlar o funcionamento e a extensão da capacidade de processamento de um sistema informático. Em geral, o software de um sistema informático desempenha uma ou mais das seguintes funções:

- Apoiar o desenvolvimento de outro software de aplicação.
- Suporte à execução de outro software de aplicação.
- Monitora a utilização eficaz de vários recursos de hardware, tais como CPU, memória, periféricos, etc.
- Comunica com e controla o funcionamento de dispositivos periféricos tais como impressoras, discos, etc.

Assim, o software do sistema pode ser definido como:

"Software de sistema é um software de computador concebido para operar e controlar o hardware do computador e para fornecer uma plataforma para a execução de software de aplicação. "

Fig 9.3: Algum software de sistema

Assim, o software do sistema torna o funcionamento de um sistema informático mais eficaz e eficiente. Ele ajuda os componentes de hardware a trabalhar em conjunto, e fornece suporte para o desenvolvimento e execução de software de aplicação (programas). Os programas incluídos no pacote de software do sistema são chamados *"System Programs"* e os programadores que preparam o software do sistema são referidos como *"programadores de sistemas"*. '

Alguns tipos de software de sistema são comummente conhecidos:

- Sistema operativo.
- Tradutor de linguagem de programação.
- Software de comunicação.
- Programas utilitários.

Sistema Operativo: O software do sistema operativo trata da utilização eficaz e eficiente de todos os componentes de hardware e software de um sistema informático.

Tradutor de linguagem de programação: Os tradutores da linguagem de programação transformam as instruções preparadas pelos programadores numa linguagem de programação numa forma que pode ser interpretada e executada por um sistema informático.

<u>Software de comunicação</u>: Num ambiente de rede (onde vários computadores estão interligados por uma rede de comunicação), o software de comunicação permite a transferência de dados e programas de um sistema informático para outro.

<u>Programas Utilitários</u>: Os programas utilitários (também conhecidos como *utilitários*) são o conjunto de programas que ajudam os utilizadores nas tarefas de manutenção do sistema e na execução de tarefas de natureza rotineira. Algumas tarefas normalmente executadas pelos programas utilitários incluem a formatação de discos rígidos ou pen-drives, levando de volta arquivos armazenados no disco rígido para outras unidades.

b) <u>Software de Aplicação</u>: O software aplicacional é um conjunto de um ou mais programas concebidos para resolver um problema específico, ou para realizar uma tarefa específica.

Por exemplo, Sistema de Processamento de Folhas de Pagamento/Software, Software de Processamento de Resultados de Exames, Software de Reserva de Linhas Aéreas Ferroviárias, Software de Jogos de Computador são todos softwares de aplicação. Da mesma forma, um programa escrito por cientistas para resolver um problema de investigação é também um software de aplicação. Os programadores que preparam software de aplicação são referidos como ***"programadores de aplicação".* '**

Há milhões de software de aplicação disponível para uma vasta gama de aplicações. Vão desde aplicações simples como processamento de texto, gestão de inventário, preparação de declarações fiscais, bancos, hospitais e aplicações de engenharia como previsão meteorológica, lançamento de vaivéns espaciais, exploração de petróleo e gás natural, concepção de estruturas complexas como aeronaves, navios, pontes, etc.

Alguns softwares de aplicação geralmente conhecidos são os seguintes:

- Software de processamento de texto.
- Software de folha de cálculo.
- Software de Base de Dados.
- Software gráfico.
- Software Assistente Pessoal.

- Software educativo.
- Software de Entretenimento.

Software de Processamento de Texto: Este software permite-nos fazer uso de computadores para criar, editar e visualizar, formatar, armazenar, recuperar e imprimir documentos.

Software de folha de cálculo: O software de folha de cálculo é uma ferramenta de análise de dados numérica que nos permite criar uma espécie de livro-razão informatizado. Um livro-razão manual é um livro com linhas e colunas que os contabilistas utilizam para manter um registo das transacções financeiras e para preparar as demonstrações financeiras.

Software de Base de Dados: Uma base de dados é um conjunto de dados conexos armazenados e tratados como uma unidade para efeitos de recuperação de informação. Um software de base de dados é um conjunto de programas que nos permite criar uma base de dados, mantê-la (adicionar, apagar e actualizar os seus registos), organizar os seus dados na moda desejada (por exemplo, ordenação dos números de rolo por ordem crescente) e obter selectivamente informações úteis a partir dela.

Software gráfico: O software gráfico permite-nos utilizar um computador para criar, editar, visualizar, armazenar, recuperar e imprimir desenhos, desenhar imagens, gráficos, etc.

Software Assistente Pessoal: Este software permite-nos utilizar computadores pessoais para armazenamento e recuperação das nossas informações pessoais, bem como para o planeamento e gestão da nossa agenda, contacto, finanças e inventário de itens importantes.

Software educativo: O software educativo permite que um computador seja utilizado como ferramenta de ensino e aprendizagem. Alguns exemplos deste software incluem os utilizados para o ensino da matemática, gramática, línguas ou qualquer outro software.

Software de Entretenimento: O software de entretenimento permite que um computador seja utilizado como uma ferramenta de entretenimento.

9.4 ETAPAS DE DESENVOLVIMENTO DE SOFTWARE:

Todo o software precisa de ser desenvolvido. A pessoa que desenvolve o software é conhecida como ***desenvolvedor de software***. Desenvolver software e pô-lo a funcionar é um processo complexo que envolve seguir determinados passos:

- Analisar o problema em questão e planear o(s) programa(s) para resolver o problema.
- Codificação do(s) programa(s).
- Testar, depurar e documentar o(s) programa(s).
- Implementar o(s) programa(s).
- Avaliar e manter o(s) programa(s).

<u>PONTOS A LEMBRAR</u>

1. A sequência de instruções escritas numa língua compreendida por um computador é chamada programa de computador.
2. Software de computador é um conjunto de programas de computador, procedimentos e documentos associados (fluxogramas, manuais, etc.) que descrevem os programas, e agora devem ser utilizados.
3. Um pacote de software é um grupo de programas que resolve um problema específico ou executa uma tarefa específica.
4. O número de software presente no mercado é enorme, mas o software está amplamente classificado em duas categorias principais - Software de Sistema e Software de Aplicação.
5. O software do sistema é um conjunto de um ou mais programas concebidos para controlar o funcionamento e a extensão da capacidade de processamento de um sistema informático.
6. Os programas incluídos no pacote de software do sistema são chamados programas de sistema e os programadores que preparam o software do sistema são referidos como programadores de sistema.
7. O software aplicativo é um conjunto de um ou mais programas projetados para resolver um problema específico, ou fazer uma tarefa específica.
8. Os programadores que preparam software de aplicação são referidos como programadores de aplicação.
9. A pessoa que desenvolve software é conhecida como desenvolvedor de software.

<u>PERGUNTAS:</u>

1) Definir o termo hardware & software.
2) O que é um programa de computador?
3) O que é um pacote de software?
4) O hardware é uma despesa normal e única, enquanto o software é uma despesa contínua. Explicar.
5) Quantos tipos de software existem?
6) Definir e distinguir entre software de aplicação e software de sistema.
7) Explique o seguinte...
    a) Hardware.
    b) Software.
    c) Software de Base de Dados.
    d) Software de Entretenimento.
    e) Software educativo.
8) Quais são os passos básicos envolvidos no desenvolvimento de um software.

CAPÍTULO - 10

CONCEITOS DE INFORMÁTICA - I

No capítulo anterior "Software de computador, vimos que o software de computador é um conjunto de programas de computador. Vimos também que antes de escrever um programa, é preciso planear o programa. Ou seja, para escrever um programa de computador correcto e eficaz, temos primeiro de planear a sua lógica. Assim, antes de aprendermos a escrever um programa de computador, primeiro temos de aprender a planear a sua lógica.

10.1 <u>ALGORITHM:</u>

O planeamento de um programa envolve a definição da sua lógica (a sequência correcta de instruções necessárias para resolver o problema). O termo *"algoritmo"* refere-se à lógica de um programa. O algoritmo pode ser definido da seguinte forma:

"Algoritmo é uma descrição passo a passo de como chegar a uma solução para um determinado problema". "

ou

"Algoritmo" é uma sequência de instruções que, quando executada na sequência especificada, se obtêm os resultados desejados. "

ou

"Algoritmo é um procedimento para resolver um problema. "

ou

"Algoritmo é um conjunto de operações a realizar passo a passo autónomo".

Para ser qualificado como algoritmo, uma sequência de instruções deve seguir as seguintes características:

- Cada instrução deve ser precisa e inequívoca.
- Cada instrução deve ser executada num período de tempo finito.
- Uma ou mais instruções não devem ser repetidas infinitamente. Isto assegura que o algoritmo acabará por terminar.
- Após a execução das instruções (quando o algoritmo termina), são obtidos os resultados desejados.

Exemplo: Se quisermos adicionar dois números (suponha a & b) e armazenar o seu resultado noutra variável (c), então o algoritmo será o seguinte:

Etapa 1 - Início
Passo 2 - Inserir o primeiro número (a)
Passo 3 - Inserir o segundo número (b)
Passo 4 - Efectuar a operação de adição (c = a + b)
Passo 5 - Imprimir o resultado (c)
Passo 6 - Parar

Da mesma forma, cada programa necessita de um algoritmo para uma execução bem sucedida e menos erros.

10.2   <u>GRÁFICO FLUENTE</u>:

Um *"fluxograma"* é uma representação pictórica de um algoritmo. Os programadores usam-no frequentemente como uma ferramenta de planeamento de programas para organizar visualmente uma sequência de passos necessários para resolver um problema utilizando um computador. Ele usa caixas de diferentes formas para denotar diferentes tipos de instruções. As instruções reais são escritas dentro destas caixas usando afirmações claras e concisas. Linhas sólidas com a seta fazem a ligação destas caixas para indicar o fluxo de operação, ou seja, a sequência exacta em que as instruções devem ser executadas. O processo de desenho de um fluxograma para um algoritmo é conhecido como fluxograma.

Símbolos de fluxograma: Um fluxograma utiliza caixas de diferentes formas para denotar diferentes tipos de instruções. A utilização de símbolos com significado padronizado facilita a comunicação da lógica do programa através de fluxogramas. O American National Standard Institute (ANSI) normalizou os símbolos básicos dos fluxogramas. Os símbolos dos fluxogramas básicos são dados como:

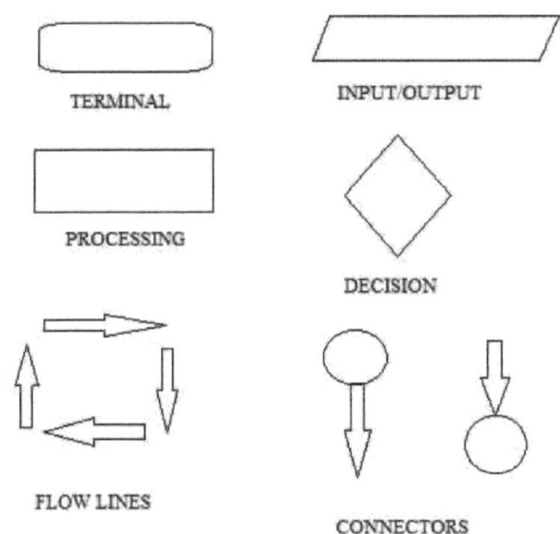

Fig 10.1: Símbolos do Fluxograma de Base

- **Terminal:** O símbolo do terminal indica o início (início), fim (parada) e pausas (parada) no fluxo lógico de um programa. É o primeiro e o último símbolo de um diagrama de fluxo. Uma pausa é normalmente utilizada na lógica de um programa em algumas condições de erro, ou se os formulários tiverem de ser alterados na impressora do computador durante o processamento do programa.
- **Entrada/Saída:** O símbolo de entrada/saída denota qualquer função de natureza de entrada/saída num programa. Assim, todas as instruções do programa para entrada/saída de dados de qualquer tipo de dispositivo de

entrada/saída (como teclado, rato, scanner, etc.) são indicadas com símbolos de entrada/saída num fluxograma. Mesmo as instruções de entrada/saída de dados de/para um dispositivo de armazenamento (como disco, fita, pen drive, etc.) são indicadas com símbolos de entrada/saída.

- **Processamento:** Um símbolo de processamento representa o movimento de dados e instruções aritméticas. Assim, todos os processos de adição, subtracção, multiplicação e divisão são indicados por um símbolo de processamento num fluxograma.
- **Decisão** - O símbolo de decisão indica um ponto de decisão, ou seja, um ponto em que são possíveis ramificações para um de dois ou mais pontos alternativos.
- **Linhas de fluxo:** As linhas de fluxo com pontas de seta indicam o fluxo de operação, ou seja, a sequência exacta em que as instruções são executadas. O fluxo normal de um diagrama de fluxo é de cima para baixo e da esquerda para a direita.
- **Conectores:** Sempre que um fluxograma se tornou tão complexo que o número e a direcção das linhas de fluxo são confusos, ou se espalha por mais de uma página, é útil utilizar o símbolo do conector como um substituto para as linhas de fluxo.

Exemplo (a): Na secção anterior (10.1), tínhamos um algoritmo para adição de dois números. Agora o fluxograma para o mesmo algoritmo é o seguinte:

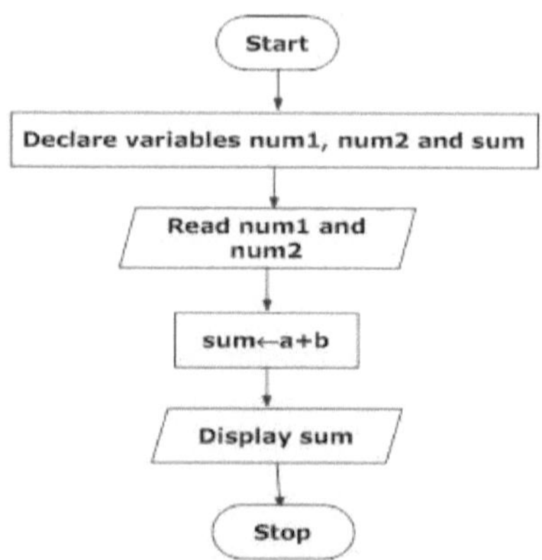

Fig. 10.2: Fluxograma (adição de dois números)

Exemplo (b): O fluxograma para encontrar o maior número a partir de dois números é dado como:

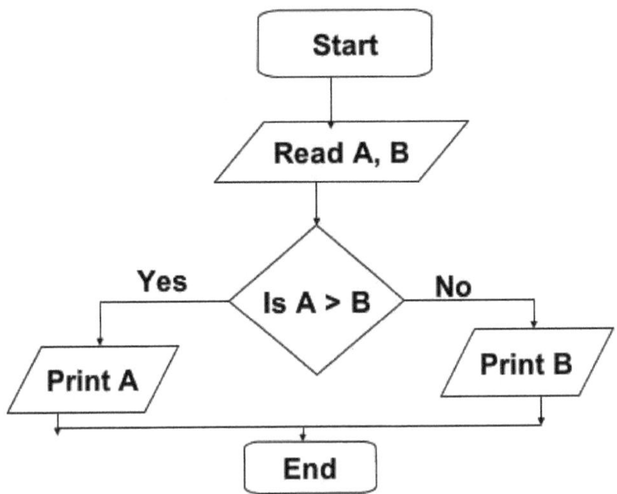

Fig 10.3: Fluxograma (O maior entre dois números)

10.3   LINGUAGEM INFORMÁTICA:

A língua é um meio de comunicação. Usamos uma linguagem natural como o inglês, para comunicar as nossas ideias e emoções aos outros. Da mesma forma, um programador utiliza uma linguagem informática para instruir um computador sobre o que quer que ele faça.

Todas as línguas naturais têm um método sistemático de utilização de palavras e símbolos nessa língua, definido pelas regras gramaticais da língua. Do mesmo modo, as palavras e os símbolos de uma língua informática também devem ser utilizados de acordo com as regras estabelecidas, conhecidas como "regras de sintaxe", da língua.

Em caso de linguagem natural, é possível usar uma gramática pobre ou incorrecta e ainda assim comunicar os pensamentos. No entanto, no caso da linguagem de programação do computador, a menos que um programador adira exactamente às regras de sintaxe da linguagem, mesmo até aos sinais de pontuação, o computador não compreenderá as suas instruções.

Todas as línguas informáticas são classificadas, em termos gerais, em três categorias:

- **Linguagem da máquina**
- **Língua de montagem**
- **Língua de alto nível**

a) <u>**LINGUAGEM DAS MÁQUINAS**</u>: Uma vez que o computador pode ser programado para compreender muitas línguas diferentes, cada computador compreende apenas uma língua sem utilizar um programa de tradução. Esta língua é chamada 'LÍNGUA MÁQUINA' do computador. Esta linguagem de computador ou linguagem de máquina é escrita normalmente como uma sequência de binários 1s e 0s.

Uma instrução de língua da máquina tem normalmente um formato de duas partes, como se mostra a seguir.

OPCODE (OPERATION CODE)	OPERAND (ADDRESS / LOCATION)

<u>Fig 10.4: Formato do Manual de Instruções</u>

<u>**Código de Operação (OPCODE)**</u>: Esta parte informa o computador sobre a função a desempenhar.

<u>**Operand (OPERAND)**</u>: Esta parte indica onde encontrar ou armazenar os dados a serem manipulados. Assim, cada instrução diz ao computador qual a operação a realizar e a duração e localização dos campos de dados envolvidos na operação. Cada computador tem um conjunto de códigos de operação denominado "conjunto de instruções".

As operações típicas incluídas no conjunto de instruções de um computador são:

- Operações aritméticas.
- Operações Lógicas.
- Operações de sucursal (condicionais ou incondicionais) para transferência de controlo para o endereço indicado no campo operando.
- Operações de movimentação de dados para movimentação de dados entre locais de memória e registos.

- Operações de movimentação de dados para os dados de/para o dispositivo de entrada/saída.

Todos os computadores utilizam dígitos binários (0s e 1s) para realizar operações. Assim, a maioria das instruções de linguagem da máquina dos computadores consiste em cadeias de números binários.

Vantagem da linguagem das máquinas:
O programa escrito em linguagem de máquina pode ser executado muito rapidamente por um computador porque as instruções da máquina são compreendidas pelo computador sem necessidade de qualquer tradução.

Limitações da linguagem da máquina:
Um programa escrito em linguagem de máquina tem as seguintes desvantagens:

- Dependente da máquina.
- Difícil de programar.
- Propenso a erros.
- Difícil de modificar.

Dependente da máquina: Como a concepção interna de cada tipo de computador é diferente de qualquer outro tipo de computador, a linguagem da máquina também difere de computador para computador.

Difícil de Programar: Embora um computador execute programas em linguagem de máquina directa e eficientemente, é difícil programar em linguagem de máquina. É necessário que um programador memorize uma dúzia de números de código de operação para os comandos no conjunto de instruções da máquina ou consulte constantemente o cartão de referência.

Propenso a erros: Para escrever programas em linguagem de máquina, um programador tem de se lembrar dos códigos de operação e deve manter um registo do local de armazenamento dos dados e das instruções. Isto torna-lhe muito difícil concentrar-se totalmente na lógica do programa, resultando em erros de programação.

Difícil de Modificar: É difícil corrigir ou modificar programas de linguagem de máquina. A verificação das instruções da máquina para localizar erros é muito difícil e demorada. Da mesma forma, modificar um programa em linguagem de máquina mais tarde é tão difícil que muitos programadores preferem codificar a nova lógica a uma nova, em vez de incorporar as modificações necessárias nos programas antigos.

b) <u>LINGUAGEM DE MONTAGEM</u>: A programação em linguagem de máquina é difícil e susceptível a erros porque um programador precisa de o fazer:

- Escreva códigos numéricos para as instruções no conjunto de instruções do computador.
- Escreva um local de armazenamento de dados e instruções em forma numérica.
- Mantenha um registo dos locais de armazenamento de dados e instruções enquanto escreve um programa.

A programação em linguagem de montagem, introduzida em 1952, ajudou a ultrapassar estas limitações da programação em linguagem de máquina da seguinte forma:

- Utilizando o conjunto de instruções de códigos alfanuméricos mnemónicos.
- Ao permitir que os endereços dos locais fixos de armazenamento sejam representados por nomes alfanuméricos em vez de endereços numéricos.
- Ao fornecer instruções adicionais, chamadas "pseudo-instrução" no conjunto de instruções para instruir o sistema de como queremos programar a montagem na memória do computador.

Assim, a linguagem de montagem pode ser definida como tal:

"As línguas que permitem que as instruções e os locais de armazenamento sejam representados por letras e símbolos em vez de números são designadas por LÍNGUA DE MONTAGEM ou Linguagem Simbólica".

Um programa escrito em linguagem de assembleia é chamado *programa de linguagem de assembleia*.

<u>Papel do Assembler</u>: Um computador só pode executar directamente programas em linguagem de máquina que utilizam números para representar locais de instrução e de armazenamento. Assim, um programa em linguagem assembly deve ser convertido (traduzido) para o seu programa em linguagem de máquina equivalente antes de poder ser executado no computador. Esta tradução é feita com a ajuda de um programa tradutor chamado ***assembler***.

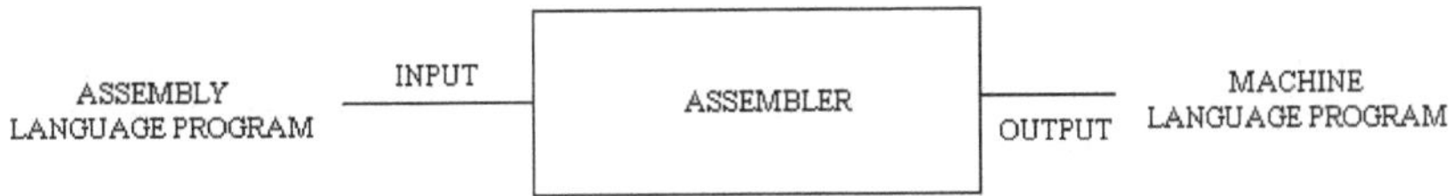

Fig 10.5: Papel do montador

Vantagem da linguagem de montagem:

A linguagem de montagem tem as seguintes vantagens:

- Mais fácil de compreender e utilizar.
- Mais fácil de localizar e corrigir erros.
- Mais fácil de modificar.
- Não se preocupe com os endereços.
- Facilmente relocalizável.
- Eficiência da linguagem da máquina.

Mais fácil de compreender e utilizar. Devido à utilização de mnemónicos em vez de códigos ópticos numéricos e nomes simbólicos para localização de dados em vez de endereços numéricos, os programas de linguagem de montagem são muito mais fáceis de compreender e utilizar.

Mais fácil de localizar e corrigir erros. Devido à utilização de códigos ópticos mnemónicos e nomes simbólicos para a localização dos dados e também porque os programadores não precisam de manter um registo dos locais de armazenamento dos dados e das instruções, poucos erros são cometidos durante a escrita dos programas em linguagem de montagem e aqueles que são mais fáceis de encontrar e corrigir.

Mais fácil de modificar. Como são mais fáceis de compreender, é mais fácil localizar, corrigir e modificar as instruções de um programa em linguagem de montagem do que o programa em linguagem de máquina.

Não se preocupe com as moradas. Uma vantagem importante da linguagem de montagem é que os programadores não precisam de manter um registo dos locais de armazenamento de dados e instruções enquanto escrevem um programa de linguagem de montagem.

Facilmente relocalizável. A disponibilidade de pseudo-instruções para instruir o sistema de como queremos que o programa seja montado dentro da memória do computador torna os programas de linguagem de montagem facilmente relocalizáveis porque a sua localização pode ser facilmente alterada através de uma alteração adequada das pseudo-instruções.

Eficiência da linguagem da máquina. Um programa de linguagem de montagem também goza da eficiência do programa de linguagem de máquina correspondente, porque existe uma correspondência um-a-um entre as instruções de um programa de linguagem de montagem e o seu programa de linguagem de máquina correspondente.

<u>Limitações da língua de montagem</u>:
Seguem-se as limitações da linguagem de montagem:

- Dependente da máquina.
- Conhecimento de Hardware necessário.
- Codificação ao nível da máquina.

Dependente da máquina: A linguagem de montagem também é dependente da máquina como a linguagem da máquina.

Conhecimento de Hardware necessário: Como a linguagem assembly depende da máquina, um programador da linguagem assembly deve ter um bom conhecimento das características e da estrutura lógica dos seus computadores para escrever bons programas de linguagem assembly.

Codificação ao nível da máquina: No caso da linguagem de montagem, as instruções ainda são escritas a um nível de código de máquina. Ou seja, o ensino da linguagem de montagem é substituído pelo ensino de uma linguagem de máquina. Assim, tal como os programas em linguagem de máquina, escrever programas em linguagem de montagem também é demorado e difícil.

c) **LINGUAGEM DE ALTO NÍVEL:** Tanto a linguagem da máquina como a linguagem de montagem têm as seguintes limitações:

- São dependentes da máquina.
- Eles exigem que os programadores tenham um bom conhecimento da estrutura interna do seu computador.
- É difícil, sujeito a erros e demorado escrever programas em linguagem de máquina/montagem.

Devido a estas limitações, as linguagens de máquina e de montagem são frequentemente referidas como "**linguagens de programação** de baixo nível".

As linguagens de programação de alto nível foram concebidas para ultrapassar estas limitações das linguagens de programação de baixo nível. Caracterizam-se pelas seguintes características:

- São independentes da máquina.
- Eles não exigem que o programador saiba nada sobre a estrutura interna do computador em que os programas de alto nível são executados.
- Eles não lidam com a codificação ao nível da máquina.

Papel dos Compilados: Um computador só pode executar directamente um programa em linguagem de máquina. Assim, um programa de linguagem de alto nível tem de ser convertido no seu programa de linguagem de máquina equivalente antes de poder ser executado num computador. Esta tradução é feita com a ajuda de um programa tradutor chamado "**Compilador**". Portanto, *um compilador é um programa tradutor que traduz um programa de alto nível para o seu programa de linguagem de máquina equivalente.*

Um compilador é assim chamado porque compila um conjunto de instruções de linguagem de máquina para cada instrução de programa de uma linguagem de alto nível.

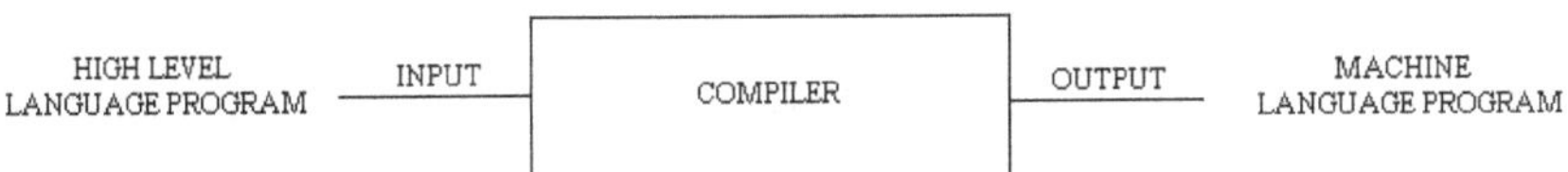

Fig 10.6: Papel do Compilador

Para além de traduzir instruções linguísticas de alto nível em instruções linguísticas automáticas, a compilação também detecta e indica automaticamente certos tipos de erro no programa fonte. Estes erros podem ser referidos como "**erros de sintaxe**", e são dos seguintes tipos:

- Personagens ilegais.
- Combinação ilegal de caracteres.
- Sequenciação inadequada das instruções.
- Utilização de nomes de variáveis indefinidos.

O papel do intérprete: O intérprete é outro tipo de tradutor utilizado para traduzir um programa de língua de alto nível para o seu programa de língua automática equivalente. Basta uma declaração de programa de linguagem de alto nível para o traduzir em instruções de linguagem automática e depois executa imediatamente as instruções de linguagem automática resultantes.

Ou seja, no caso dos intérpretes, os processos de tradução e execução alternam para cada declaração encontrada no programa linguístico de alto nível. Isto difere de um compilador que se limita a traduzir todo o programa fonte para um programa objecto, e não está envolvido na sua execução.

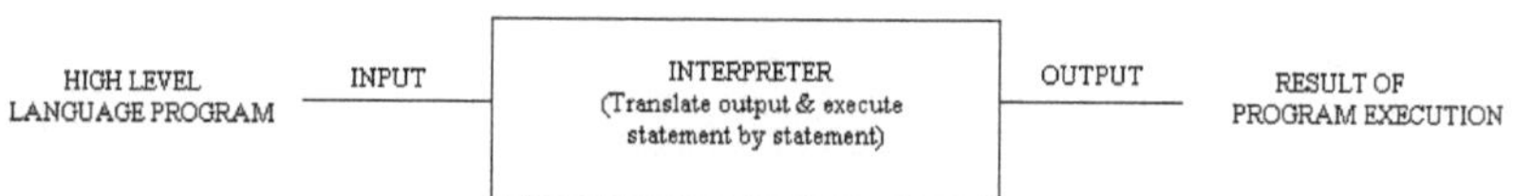

Fig. 10.7: Papel do intérprete

Vantagens da linguagem de alto nível:

A linguagem de alto nível goza das seguintes vantagens em relação à linguagem de máquina e de montagem:
- Independente da máquina.
- Mais fácil de aprender e utilizar.
- Menos Erros.
- Menor Custo de Preparação do Programa.
- Melhores documentações.
- Mais fácil de manter.

Independente da máquina: Um programa escrito numa linguagem de alto nível pode ser executado em muitos tipos diferentes de computadores com muito pouco ou praticamente nenhum esforço de portar em computadores diferentes.

Mais fácil de aprender e utilizar: As línguas de alto nível são mais fáceis de aprender porque são muito semelhantes ao uso da língua natural na nossa vida quotidiana.

Menos Erros: Enquanto programa numa linguagem de alto nível, um programador não precisa de se preocupar com como e onde guardar as instruções e os dados do programa, e não precisa de escrever instruções ao nível da máquina para os passos a serem executados pelo computador. Isto permite que os programadores se concentrem mais na lógica do programa.

Baixo custo de preparação do programa: A escrita de programas em línguas de alto nível requer menos tempo e esforço, levando, em última análise, a um custo mais baixo de preparação do programa.

Melhor documentação: As declarações de um programa escrito numa língua de alto nível são muito semelhantes às declarações em linguagem natural utilizadas por nós no nosso dia-a-dia. Assim, um programador familiarizado com o domínio do problema pode facilmente compreendê-las.

Mais fácil de manter: Os programas escritos em linguagem de alto nível são mais fáceis de manter do que nos programas de linguagem de montagem/máquina. Isto porque, são mais fáceis de compreender, e por isso, é mais fácil localizar, corrigir e modificar as instruções sempre que estas são derivadas.

<u>Limitação da linguagem de alto nível</u>:
As duas principais limitações da linguagem de alto nível são
- Menor eficiência.
- Menos Flexibilidade.

Menor eficiência: O programa escrito é uma linguagem de alto nível tem menor eficiência do que um escrito numa linguagem de máquina/montagem para fazer o mesmo trabalho. Ou seja, programas escritos em linguagem de alto nível resultam em múltiplas instruções em linguagem de máquina que podem não ser optimizadas, demorando mais tempo a executar e exigindo mais espaço de memória principal.

Menos eficiência: Geralmente, as línguas de alto nível são menos flexíveis que a linguagem de montagem porque normalmente não têm instruções ou mecanismo para controlar a CPU, a memória e os registos de um computador.

1. Algoritmo é uma descrição passo a passo de como chegar a uma solução para um determinado problema.
2. Para ser qualificado como um algoritmo, uma sequência de instruções deve seguir as seguintes características -
   - Cada instrução deve ser precisa e inequívoca.
   - Cada instrução deve ser executada num período de tempo finito.
   - Uma ou mais instruções não devem ser repetidas infinitamente. Isto assegura que o algoritmo acabará por terminar.
3. Um "fluxograma" é uma representação pictórica de um algoritmo.
4. Todas as línguas informáticas estão amplamente classificadas em três categorias - Língua de máquina, Língua de montagem e Língua de alto nível
5. Cada computador compreende apenas uma língua sem utilizar um programa de tradução. Esta linguagem é chamada Linguagem de Máquina do computador. Esta linguagem de computador ou linguagem de máquina é escrita normalmente como uma sequência de binários 1s e 0s.
6. Uma língua que permite que as instruções e os locais de armazenamento sejam representados por letras e símbolos, em vez de números, chama-se Língua de montagem ou Língua simbólica.
7. Um programa de linguagem de montagem deve ser convertido (traduzido) para o seu programa de linguagem de máquina equivalente antes de poder ser executado no computador. Esta tradução é feita com a ajuda de um programa tradutor chamado Assembler.
8. As linguagens de programação de alto nível foram concebidas para ultrapassar as limitações das linguagens de programação de baixo nível (Machine and Assembly Language).
9. Um programa de linguagem de alto nível deve ser convertido no seu programa de linguagem de máquina equivalente antes de poder ser executado num computador. Esta tradução é feita com a ajuda de um programa tradutor chamado Compiler.
10. Os compiladores também detectam e indicam automaticamente certos tipos de erros no programa fonte; estes erros são conhecidos como erros de sintaxe.
11. O intérprete é outro tipo de tradutor utilizado para traduzir um programa de linguagem de alto nível para o seu programa de linguagem automática equivalente. É necessário apenas uma declaração do programa de linguagem de alto nível, traduzi-lo em instruções de linguagem

automática e, em seguida, executar imediatamente as instruções de linguagem automática resultantes.

PERGUNTAS:

1. O que é um algoritmo? Quais são as características necessárias para a sequência de instruções de qualidade como um algoritmo?
2. O que é um fluxograma? Explicar os seus símbolos básicos.
3. Escreva um algoritmo para o seguinte -
   a) Acréscimo de 2 números.
   b) Encontrar o valor de SI {SI = (PRT)/100}
   c) Para converter ^{0}C em F
   d) Para converter F em ^{0}C
   e) Para encontrar factoriais de 5 (5 = 5 X 4 X 3 X 2 X 1)
4. Elaborar fluxogramas para a pergunta anterior.
5. O que é a linguagem de programação? Porque é que se chama assim?
6. Discutir a analogia entre a linguagem informática e a linguagem natural.
7. O que é a regra da sintaxe de uma linguagem de programação?
8. O que é a linguagem das máquinas? Porque é necessária?
9. Quais são as vantagens e limitações da linguagem das máquinas?
10. Explicar cada parte do ensino da língua da máquina.
11. O que é uma linguagem de assembleia?
12. O que é um assembler? Qual é a sua função básica?
13. Explique o seguinte -
    a) Algoritmo
    b) Fluxograma
    c) Linguagem da máquina
    d) Língua de montagem
    e) Linguagem de alto nível
    f) Assembler
    g) Compilador
    h) Intérprete
14. Distinguir entre linguagem de máquina, linguagem de montagem e linguagem de alto nível.

CAPÍTULO - 11

CONCEITOS INFORMÁTICOS - II

11.1 <u>SISTEMA DE NÚMEROS</u>:

"Um conjunto de valores utilizados para representar diferentes quantidades é conhecido como SISTEMA DE NÚMEROS".

Por exemplo, um sistema numérico pode ser utilizado para representar o número de alunos de uma turma ou o número de telespectadores que assistem a um determinado programa de televisão, etc.

Os computadores digitais representam todo o tipo de dados e informações são números binários, ou seja, 0 e 1.

Os sistemas numéricos são de dois tipos. São apresentados da seguinte forma:

      I. Sistema de números não-posicionais
      II. Sistema de Números Posicionais

I. <u>Sistema de números não posicionais:</u>

No início do dia, os seres humanos contavam com os dedos. Quando contavam para além de dez dedos, utilizavam pedras, seixos ou paus para indicar valores. Este método de contagem utiliza uma abordagem aditiva ou um sistema de números não-posicionais. Neste sistema, temos símbolos como I para 1, II para 2, III para 3, IIII para 4, IIIII para 5 e assim por diante. Cada símbolo representa o mesmo valor independentemente da sua posição num número e, para encontrar o valor de um número, é necessário contar o número de símbolos presentes no número.

II. <u>Sistema de números posicionais</u>:

No sistema de números posicionais, existem apenas alguns símbolos chamados *"dígitos"*. Estes símbolos representam valores diferentes, dependendo da posição que ocupam num determinado número. O valor de cada dígito num tal número é determinado por três considerações:

- O próprio dígito
- A posição do dígito no número
- A base do sistema numérico

*A **base é*** definida como o número total de dígitos disponíveis no sistema numérico.

O sistema de número posicional pode ser classificado em quatro sistemas de número diferentes. São os seguintes:

a) **Sistema de número decimal**
b) **Sistema de número binário**
c) **Sistema de número de Octal**
d) **Sistema de número hexadecimal**

a)   <u>SISTEMA DE NÚMERO DECIMAL (Base=10):</u>

No nosso dia-a-dia, utilizamos o sistema de número decimal. Neste sistema, a base é igual a 10 porque no total existem dez símbolos ou dígitos (0, 1, 2, 3, 4, 5, 6, 7, 8 e 9).

Sabemos que é um sistema de número decimal, a posição sucessiva à esquerda do ponto decimal representa unidade, dezenas, centenas, milhares, etc. No entanto, note-se que cada posição representa uma potência específica da base (10).

Por exemplo, o número decimal **2865** (escrito como 286510) consiste no algarismo "5" em unidades place, algarismo em dezenas place, algarismo "8" em centenas place e algarismo "2" em milhares place, e o seu valor pode ser escrito como:

$$(2 \times 10^{3}) + (8 \times 10^{2}) + (6 \times 10^{2}) + (5 \times 10^{0}) = 2000 + 800 + 60 + 5 = 2865$$

Os princípios que se aplicam ao sistema de número decimal, aplicam-se igualmente a qualquer outro sistema de número posicional. É importante manter um registo apenas da base do sistema de números em que estamos a trabalhar.

O valor da base em todos os sistemas de número posicional sugere as seguintes características:

- O valor da base determina o número total de diferentes símbolos ou dígitos disponíveis no sistema numérico. A primeira destas escolhas é sempre zero.
- O valor máximo de um único dígito é sempre igual a menos um do que o valor da base.

b) <u>SISTEMA BINÁRIO DE NÚMEROS (Base=2):</u>

O sistema de número binário é como o sistema de número decimal, excepto que a base é 2, em vez de 10. Podemos utilizar apenas dois símbolos ou dígitos, ou seja, **0** e **1**, neste sistema de números. Note-se que o maior dígito é 1 (um a menos do que a base). Cada posição de um número binário representa uma potência da base (2).

Neste sistema a posição mais à direita é a posição unitária (2^0), a segunda posição à direita é a posição $2^{1}s$ (2^1), e procedendo desta forma, temos a posição $4^{1}s$ (2^2), $8^{1}s$ (2^3), $16^{1}s$ (2^4), e assim por diante.

Por conseguinte, o equivalente decimal do número binário **10101** (escrito como 10101₂) é -

$$(1 \text{ X } 2^4) + (0 \text{ X } 2^3) + (1 \text{ X } 2^2) + (0 \text{ X } 2^1) + (1 \text{ X } 2^0) = 16 + 0 + 4 + 0 + 1 = 21$$

A fim de especificar a que sistema nos referimos, é prática comum indicar a base como subscrito. Assim, escrevemos

$$10101_2 = 21_{10}$$

A forma curta de um "*dígito binário*" é um *bit*. Por conseguinte, um "bit" em terminologia informática significa um 0 ou 1. Um número de n bits é um número binário composto por "n" bits. A figura seguinte enumera todos os números binários de 3 bits, juntamente com o seu equivalente decimal.

Decimal	binary
0	000
1	001
2	010
3	011
4	100
5	101
6	110
7	111

Fig. 11.1: Número de 3 bits com os seus valores decimais

c) OCATL NUMBER SYSTEM (Base=8):

No sistema numérico octal, a base é 8. Assim, existem apenas oito símbolos ou dígitos - 0, 1, 2, 3, 4, 5, 6 e 7.

O maior algarismo é 7 (um a menos do que a base). Cada posição é um número octal que representa uma potência da base (8).

Portanto, o equivalente decimal do número de octal 2057 (escrito como 20578) é -

$$(2 \times ^{83}) + (0 \times ^{83}) + (5 \times ^{81}) + (7 \times ^{80}) = 1024 + 0 + 40 + 7 = 1071$$
$$\Rightarrow \text{Assim, } 20578 = 107110$$

d) HEXADECIMAL NUMBER SYSTEM (Base=16):

No sistema de número hexadecimal, a base é 16. Assim, existem 16 símbolos ou dígitos. Os primeiros "10" dígitos são os mesmos dígitos do sistema de número decimal: **0, 1, 2, 3, 4, 5, 6, 7, 8** e **9. Os** restantes seis dígitos são assinalados pelos símbolos **A, B, C, D, E** e **F** que representam os valores decimais 10, 11, 12, 13, 14 e 15, respectivamente.

Por conseguinte, o maior dígito é "F" ou "15" (um a menos do que a base 16). Cada posição é um sistema de número hexadecimal que representa uma potência da base (16).

Por conseguinte, o equivalente decimal do número hexadecimal **1AF** (escrito como 1AF16) é:

$$(1 \times 162 + A \times 161 + F \times ^{160}) = 256 + 160 + 15 = 431$$
$$\Rightarrow \text{Assim, } 1\,AF16 = 43110$$

Binary	Octal	Decimal	Hexadecimal
0000	0	0	0
0001	1	1	1
0010	2	2	2
0011	3	3	3
0100	4	4	4
0101	5	5	5
0110	6	6	6
0111	7	7	7
1000	10	8	8
1001	11	9	9
1010	12	10	A
1011	13	11	B
1100	14	12	C
1101	15	13	D
1110	16	14	E
1111	17	15	F
Base-2	*Base-8*	*Base-10*	*Base-16*

Fig. 11.2: Sistema dos quatro números

Conversão de um sistema de numeração para outro:

- **Qualquer sistema numérico até às casas decimais.**
- **Sistema de número decimal para outros.**

Qualquer sistema de número para sistema de número decimal:

Para converter qualquer sistema numérico (suponha *base = n*) para sistema numérico decimal, podemos usar a seguinte fórmula:

$$(abc.de)_n = (?)_{10}$$

Dividamos o número anterior em duas partes.

I   –   abc

II-de

Para a primeira parte, utilizamos

$$(a \times n2) + (b \times n1) + (c \times n0) = xyz$$

Para a segunda parte, utilizamos

$$(d \times n\text{-}1) + (e \times n\text{-}2) = mn$$

Assim, no sistema numérico decimal, o número será

$$(abc.de)_n = (xyz.mn)_{10}$$

Exemplo:
Converter $(101.11)_2$ em sistema de número decimal.

$$(101.11)_2 = (?)_{10}$$

I - 101 = $(1 \times 2^2) + (0 \times 2^1) + (1 \times 2^0)$

      = 4 + 0 + 1

      = 5

II - 11 = $(1 \times 2\text{-}1) + (1 \times 2\text{-}2)$

      = .5 + .25

      = .75

$$\Rightarrow (101.11)_2 = (5.75)_{10}$$

Converter $(23,5)_8$ num sistema de número decimal

$$(23.5)_8 = (?)_{10}$$

I - 23 = $2 \times 8^1 + 3 \times 8^0$

      = 16 + 3

      = 19

II - 5 = 5 × 8-1

      = 0.625

$$\Rightarrow (23.5)_8 = (19.625)_{10}$$

Converter (123.12)4 em sistema numérico decimal

$$(123.12)_4 = (?)_{10}$$

I - 123 = $(1 \times 4^2) + (2 \times 4^1) + (3 \times 4^0)$

      = 16 + 8 + 3

      = 27

II - 12 = 1 × 4-1 + 2 × 4-2

      = .25 + .125

      = .375

$$\Rightarrow (123.1)_4 = (27.375)_{10}$$

Assim, podemos converter qualquer sistema de número em sistema de número decimal.

Sistema de número decimal para qualquer outro sistema de número:

Para converter o sistema de número decimal para qualquer outro sistema de número, utilizamos a técnica chamada *"Division-Reminder technique"*.

As etapas envolvidas na técnica Division-Reminder para converter uma base 10 (sistema de número decimal) para um número em qualquer outra base são as seguintes:

- **Passo 1** - Dividir o número (número decimal) pelo valor da nova base.
- **Passo 2** - Registar o restante do passo 1 como o dígito mais à direita (dígito menos significativo) do novo número de base.
- **Passo 3** - Dividir o quociente da divisão anterior pela nova base.

- **Passo 4** - Registar o restante do passo 3 como o dígito seguinte (à esquerda) do novo número base.

Repita os passos 3 e 4, registando o restante da direita para a esquerda, até que o quociente se torne zero no passo 3. Note que o último valor restante, assim obtido, será o dígito mais significativo do novo número base.

Exemplo:

Converter $(12)_{10}$ num sistema de número binário.

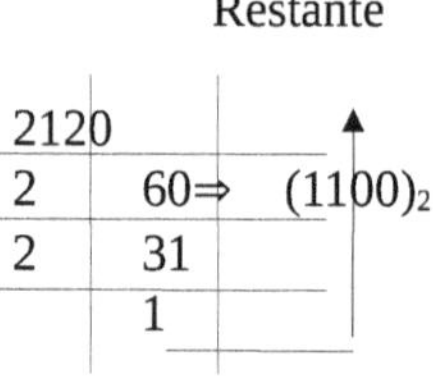

$$\Rightarrow (12)_{10} = (1100)_2$$

Converter $(952)_2$ num sistema de número de octal.

$$\Rightarrow (952)_{10} = (1670)_8$$

Converter $(428)_{10}$ num sistema de número hexadecimal.

$$\Rightarrow (428)_{10} = (1AC)_{16}$$

11.2   ÁLGEBRA BOOLEANA:

A álgebra booleana lida com o sistema de número binário. É muito útil na concepção de circuitos lógicos utilizados em processadores de sistemas informáticos.

Em meados de 1800, George Boole (1815-64), matemático inglês, desenvolveu uma álgebra para simplificar a representação e manipulação da lógica proposicional. É conhecida como *"Álgebra Booleana"*. Mais tarde, no ano de 1938, Claude E. Shannon propôs o uso da álgebra booleana na concepção e análise de circuitos de comutação. Devido à relação análoga entre a acção dos relés e os circuitos electrónicos modernos, as mesmas técnicas são ainda utilizadas na concepção dos computadores modernos.

A álgebra booleana proporciona uma abordagem económica e directa ao projecto dos circuitos de relé e outros tipos de circuitos de comutação. Assim como uma expressão algébrica comum é simplificada através da utilização de teoremas básicos, a expressão que descreve uma determinada rede de circuitos de comutação também é simplificada através da utilização da álgebra booleana.

Hoje em dia, a álgebra booleana é utilizada extensivamente na concepção de circuitos electrónicos de computadores.

Conceitos Fundamentais da Álgebra Booleana:
A álgebra booleana baseia-se nos conceitos fundamentais descritos abaixo:

- Utilização de Dígitos Binários
- Adição lógica
- Multiplicação lógica
- Complementação
- Precedência do operador

Utilização do Dígito Binário: Em uma expressão algébrica normal, uma variável pode assumir qualquer valor numérico. Por exemplo, na expressão $3A + 7B = C$, cada uma das variáveis A, B e C pode ter qualquer valor de todo o campo do número real. Como a álgebra booleana trata do sistema de número binário, as variáveis usadas na equação booleana podem ter apenas duas possíveis (0 ou 1).

Por exemplo, na equação booleana $A+B=C$, cada uma das variáveis A, B e C pode ter apenas os valores 0 ou 1.

Adição lógica: O símbolo "+" é utilizado para adição lógica. É também conhecido como operador **"OR".** Podemos definir o símbolo "+" (operador OR) enumerando todas as combinações possíveis de A e B com o valor resultante de "C" para cada combinação na equação $A + B = C$.

Dado que as variáveis A e B só podem ter dois valores possíveis (0 ou 1) para $(2)^2$ combinações de inputs são possíveis, como mostra a figura abaixo:

Entrada				Produção
A	**+**	**B**	**=**	**C**

0	0	0
0	1	1
1	0	1
1	1	1

Fig 11.2: Tabela de verdade para o operador lógico OU (+)

Os valores de saída resultantes para cada uma das quatro combinações de entradas são apresentados no quadro acima. Esse quadro é conhecido como **Tabela de Verdade**.

Observar que o resultado é "0" apenas quando ambos os inputs são "0". É "1" quando qualquer uma ou ambas as variáveis de input são "1".

Multiplicação lógica: O símbolo "•" é utilizado para o operador da multiplicação lógica. É também conhecido como operador **"AND"**. Podemos definir o símbolo "•" (AND operador) enumerando todas as combinações possíveis de A e B com os valores resultantes de C para cada combinação é a equação A •B = C. A figura abaixo mostra a tabela verdade para o operador lógico AND.

Entrada			Produção
A	•	B	=	C
0		0		0
0		1		0
1		0		0
1		1		1

Fig 11.2: Tabela de verdade para o operador lógico AND (•)

Observe que o resultado "C" só é igual a "1" quando ambas as variáveis de entrada "A" e "B" são iguais a "1"; caso contrário, é "0".

Complementação: OR e AND são operações binárias porque funcionam com duas variáveis. A complementação é uma operação unária definida sobre uma única variável. O símbolo "-" é utilizado para o operador que efectua a complementação. É também conhecido por operador **"NOT"**. Por conseguinte, escrevemos A significando "complemento de A". A complementação de uma variável é o reverso dos seus valores. A figura abaixo mostra a tabela verdade para o operador NOT lógico.

Entrada A	Produção A
0	1
1	0

Fig11.4: Tabela de Verdade para o operador lógico NÃO

Precedência do operador: A + B •C significa (A + B) •C ou A + (B C•) ? Dois geram valores diferentes para A = 1, B = 0, e C = 0 porque temos (1 + 0) •0 = 0 e 1 + (0 0 0•) = 1. Assim, as regras de precedência do operador são necessárias para avaliar correctamente as expressões booleanas.

As regras de precedência para os operadores booleanos são as seguintes:

1) A expressão é digitalizada da esquerda para a direita
2) A expressão contida entre parênteses é avaliada em primeiro lugar.
3) Todas as operações de complemento (NÃO) são realizadas a seguir.
4) Todas as operações "•" (E) são realizadas após essa data.
5) Por último, todas as operações "+" (OR) são realizadas no final.

Postulados de Álgebra Booleana:

Postulado 1 -

    i.   A = 0, se e só se, A não for igual a 1
    ii.   A = 1, se e só se, A não for igual a 0

Postulado 2 -

    i.   x + 0 = x
    ii.   x •1 = x

Postulado 3 - Lei consultiva

    i.   x + y = y + x
    ii.   x •y = y x•

Postulado 4 - Direito associativo

    i.   x + (y + z) = (x + y) + z
    ii.   (y z•) = (x y•) z•

Postulado 5 - Direito de distribuição

    i.   (y + z) = x •y + x z•
    ii.   x + (y z•) = (x + y) (•x + z)

Postulado 6 -

i. $x + \bar{x} = 1$

ii. $x\,\bar{x} = 0$

Estes postulados são os axiomas básicos da estrutura algébrica que não necessitam de prova. São utilizados para provar os teoremas da álgebra booleana.

11.3   <u>GATOS LÓGICOS:</u>

Todas as operações dentro de um computador são realizadas por meio de combinações de sinais que passam por blocos padrão de circuitos integrados, conhecidos como GATOS LÓGICOS. Por outras palavras, as portas lógicas são o circuito electrónico que funciona com um ou mais sinais de entrada para produzir sinais de saída normalizados. Estes circuitos lógicos são os blocos de construção de todos os circuitos electrónicos de um computador.

Combinações de múltiplas portas lógicas de diferentes tipos são frequentemente utilizadas para construir circuitos electrónicos em computadores. Algumas das portas lógicas de base são dadas da seguinte forma:

a) **E Portão**
b) **OU Porta**
c) **NOT Gate**
d) **Porta NAND**
e) **Porta NOR**

E Portão: Uma porta AND é a realização física de uma operação de multiplicação lógica (AND). É um circuito electrónico que gera um sinal de saída de "1", apenas se todos os sinais de entrada forem também de "1".

Dois ou mais interruptores ligados em série comportam-se como uma porta AND.

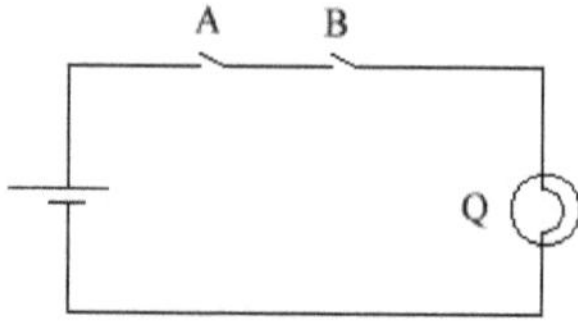

<u>Fig 11.5: Dois ou mais interruptores ligados em série comportam-se como uma porta AND</u>

A figura abaixo (11.6) mostra a tabela da verdade e o diagrama de blocos do AND Gate.

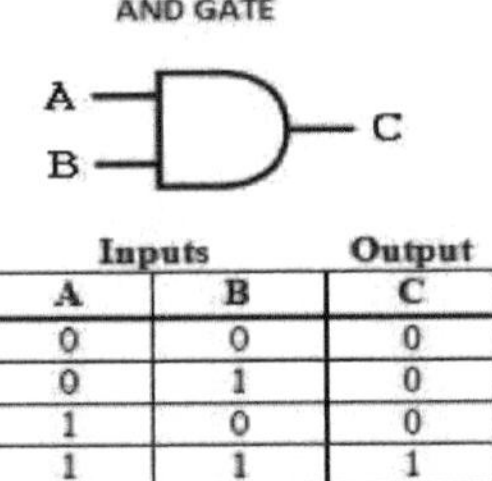

Inputs		Output
A	**B**	**C**
0	0	0
0	1	0
1	0	0
1	1	1

Fig 11.6: Diagrama de blocos e tabela de Verdade de AND portão

OU Porta: Uma porta OR é a realização física de uma operação de adição lógica (OR). É um circuito electrónico que gera um sinal de saída de "1" se qualquer um dos sinais de entrada for "1".

Dois ou mais interruptores ligados em paralelo comportam-se como uma porta OR.

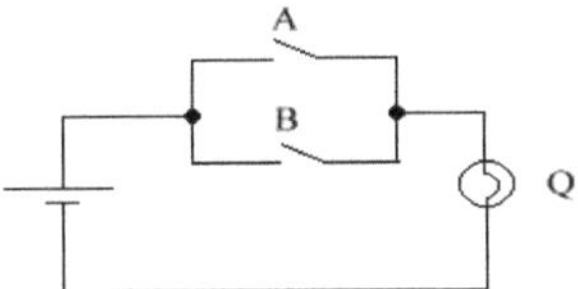

Fig 11.7: Dois ou mais interruptores ligados em paralelo comportam-se como uma porta OR

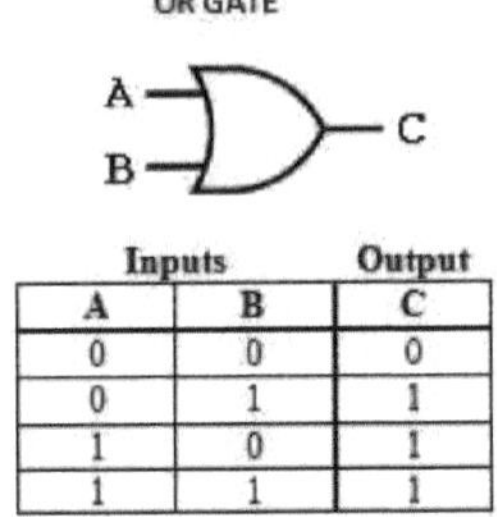

Inputs		Output
A	**B**	**C**
0	0	0
0	1	1
1	0	1
1	1	1

Fig 11.8: Diagrama de blocos e tabela de verdade da porta OR

NOT Gate: NOT gate é a realização física da operação de complementação. É um circuito electrónico que gera o inverso do sinal de entrada como sinal de saída. Também é conhecido como "inversor" porque inverte a entrada.

A figura abaixo mostra o diagrama de blocos e a tabela de verdade do NOT gate.

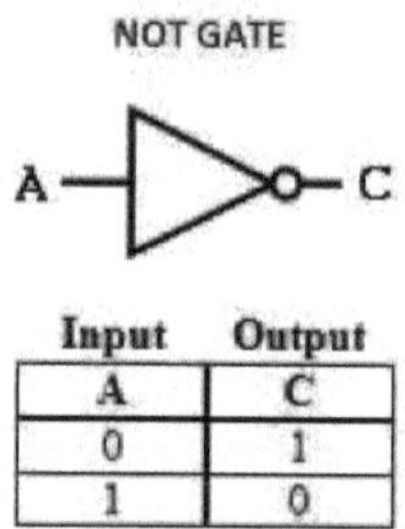

Fig 11.9: Diagrama de blocos e tabela de Verdade para NOT gate

Porta NAND: Um portão NAND é um complemento E portão. Ou seja, a saída da porta NAND será "1" se qualquer uma das entradas for um "0", e só será "0" quando todas as entradas forem "1".

Para AND gate, temos

$$C = A\,B\bullet$$

Para a porta NAND, temos

$$C = A\bullet\overline{B} \text{ ou } \overline{A} + \overline{B}$$

A figura abaixo mostra o diagrama de blocos e a tabela de verdade para a porta NAND.

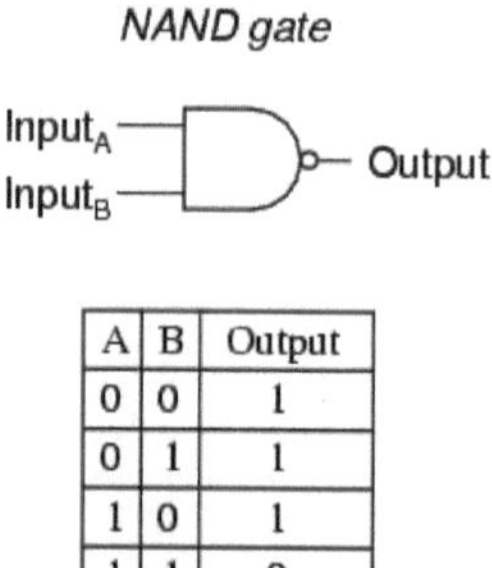

A	B	Output
0	0	1
0	1	1
1	0	1
1	1	0

Fig 11.10: Diagrama de blocos e tabela de Verdade da porta NAND

Porta NOR: Um portão NOR é complementado OU portão. Isto é, a saída de uma porta NOR, será '1' apenas quando todas as entradas forem '0' e será '0' quando todas as entradas forem '1'.

Para a porta OR, temos

Para a porta NOR, temos

$$C = A + B$$

$$C = \overline{A + B} \text{ ou } \overline{A} \ \overline{B} \bullet$$

A figura abaixo mostra o diagrama de blocos e a tabela de verdade para a porta NOR.

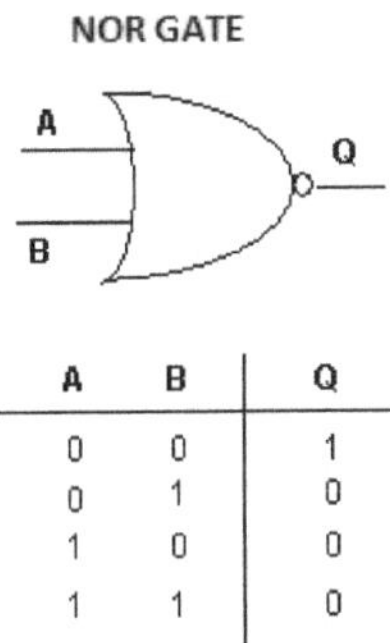

A	B	Q
0	0	1
0	1	0
1	0	0
1	1	0

Fig 11.11: Diagrama de blocos e tabela de Verdade da porta NOR

Nota: **Os *portões NAND e NOR são conhecidos como GATOS UNIVERSAIS. Porque cada e cada porta ou circuito pode ser implementado com a ajuda de portas NAND ou NOR.***

A figura abaixo mostra a implementação de NOT, OR e AND gate usando NAND gate.

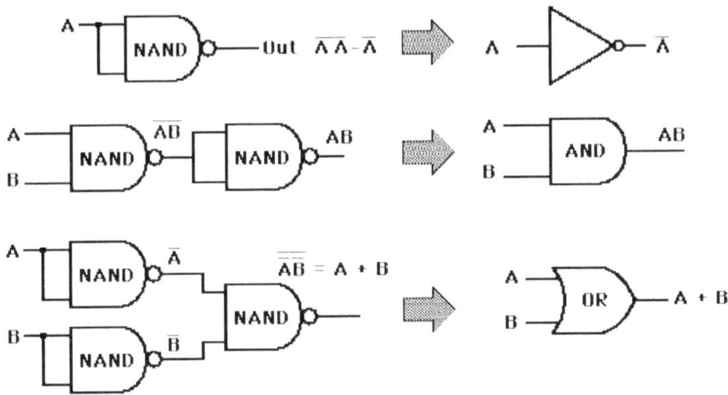

Fig 11.12: Porta NAND universal

A figura abaixo mostra a implementação de NOT, OR e AND usando a porta NOR -

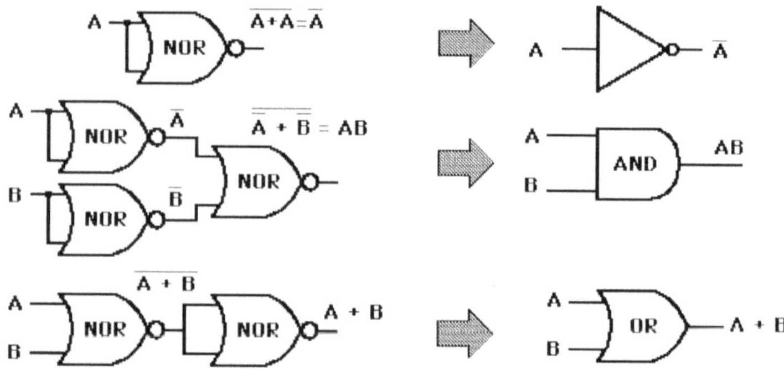

Fig 11.13: Porta NOR universal

11.4 CONCEITOS DE BASES DE DADOS:

Antes de conhecermos os conceitos da base de dados, compreendemos primeiro o que é o processamento de dados?

Processamento de dados: Um sistema de tratamento de dados inclui recursos como pessoas, procedimentos e dispositivos utilizados para processar dados de entrada para produzir resultados desejáveis.
Por outras palavras, o processamento de dados transforma os dados em bruto em informação.

Métodos padrão para organizar os dados: Existem dois métodos-padrão, que são utilizados no processamento de dados para organizar os dados. Estes dois métodos-padrão são:

- **Abordagem orientada para os ficheiros**
- **Abordagem Orientada para Bases de Dados**

A *abordagem baseada em ficheiros* era um método tradicional utilizado nos primeiros dias de tratamento de dados. In foi hoje substituído pela *Abordagem Orientada para Base de Dados*.

Abordagem orientada para ficheiros: Neste método, os dados de um candidato são organizados em um ou mais arquivos e o(s) programa(s) de aplicação processa(m) os dados armazenados nesses arquivos para gerar a saída desejada.

<u>Abordagem Orientada para Bases de Dados</u>: A abordagem orientada para ficheiros de organização de dados para aplicações de processamento de dados é simples, barata e geralmente fácil de utilizar. No entanto, sofre das seguintes limitações:

- Flexibilidade de consulta limitada
- Redundância de dados
- Problema de integridade dos dados
- Falta de independência do programa/dados
- Flexibilidade limitada da segurança dos dados

Insatisfeitos com estas limitações da abordagem orientada para os ficheiros, os investigadores começaram a procurar um método melhor de organização dos dados para consolidar as actividades. Os seus esforços resultaram numa abordagem orientada para a base de dados para a organização dos dados. Nesta abordagem, os dados de múltiplos ficheiros relacionados são integrados em conjunto a partir de uma base de dados com as seguintes propriedades:

- Proporciona maior flexibilidade
- Reduz a redundância de dados
- Resolve o problema da integridade dos dados (incoerência)
- Torna os dados independentes dos programas de aplicação
- Inclui também elementos de segurança dos dados a nível das bases de dados, a nível dos registos e mesmo a nível do terreno, a fim de proporcionar uma maior flexibilidade de acesso restrito aos dados.

<u>SISTEMA DE GESTÃO DE BASES DE DADOS:</u>

Na abordagem orientada para bases de dados de organização de dados, é fornecido um conjunto de programas para facilitar aos utilizadores a organização, criação, eliminação, actualização e manipulação de dados numa base de dados. Todos estes programas em conjunto formam um "***Sistema de Gestão de Bases de Dados***" (SGBD).

<u>Modelos de bases de dados</u>: O modelo de base de dados define a forma como vários ficheiros de uma base de dados estão ligados entre si. Quatro modelos de bases de dados comummente utilizados são -

a) **Modelo Hierárquico/base de dados**
b) **Modelo de rede/base de dados**

c) Modelo de Relação/ Base de Dados
d) Modelo/base de dados orientada para objectos

a) <u>Modelo Hierárquico / Base de Dados</u>: No modelo hierárquico / base de dados, os elementos de dados estão ligados como uma estrutura em árvore invertida (raiz no topo com ramos formados por baixo). Os elementos de dados têm uma relação pai-filho como numa árvore genealógica. A base de dados hierárquica é utilizada em várias aplicações de base de dados porque os elementos de dados de várias aplicações podem ser organizados ordenadamente como uma estrutura hierárquica em árvore.

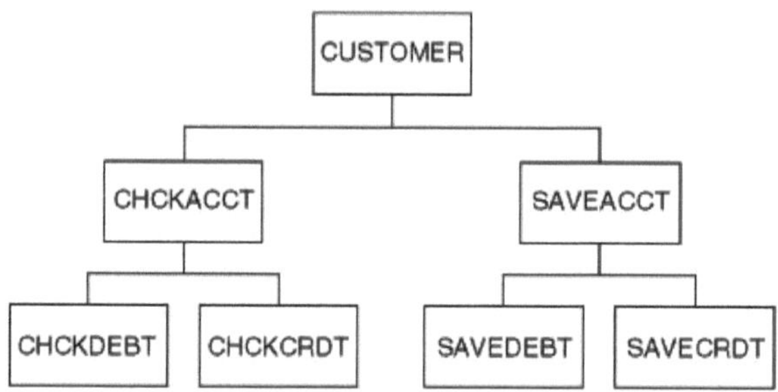

Fig 11.14: Base de dados hierárquica

b) <u>Modelo de Rede / Base de Dados</u>: O modelo de rede / base de dados é uma extensão da base de dados hierárquica. Neste modelo também, os elementos de dados de uma base de dados são organizados de forma a terem relações pai-filho, e todos os tipos de relações entre os elementos de dados devem ser determinados quando uma base de dados é concebida pela primeira vez.

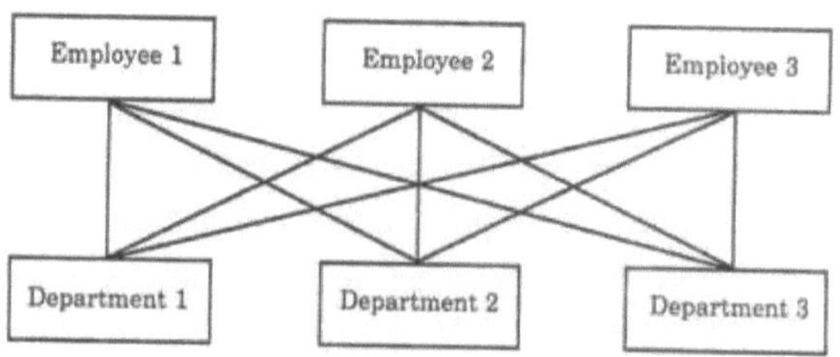

Fig 11.15: Base de dados da rede

c) <u>Modelo Relacional / Base de Dados</u>: Num modelo / base de dados relacional, os elementos de dados são organizados em múltiplas tabelas com linhas e colunas. Cada tabela é armazenada como um arquivo separado. Cada coluna de tabela representa um campo de dados, e cada linha um registo de dados (também conhecido como um *tuple*). Os dados de uma tabela (ou ficheiro) estão relacionados com dados de outra tabela com um campo comum.

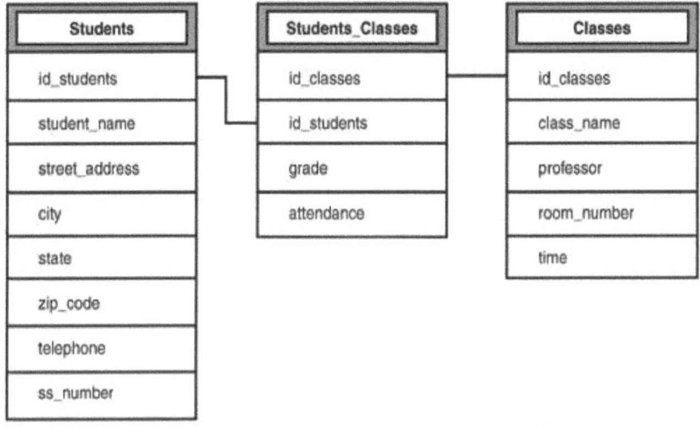

Fig 11.16: Base de dados relacional

d) Objecto - Modelo Orientado / Base de Dados: Um Modelo orientado a objectos / Base de dados é um conjunto de objectos cujo comportamento, estado e relações são definidos de acordo com conceitos orientados a objectos (tais como objecto, classe, etc.)

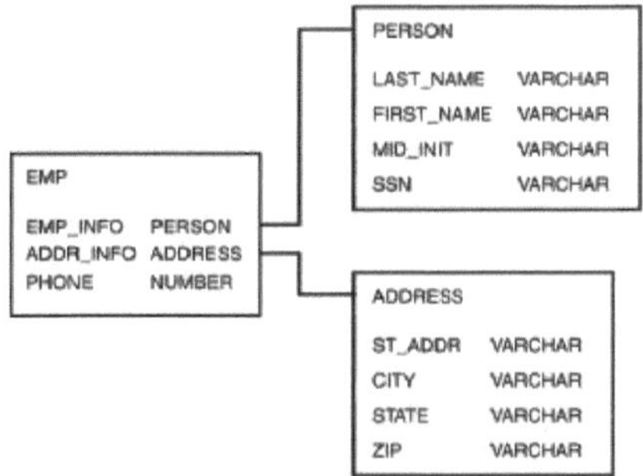

Fig 11.17: Base de Dados Orientada para Objectos

Componente principal do SGBD:

Um SGBD permite ao utilizador organizar, processar e recuperar dados seleccionados de uma base de dados, sem qualquer necessidade de conhecer a estrutura da base de dados subjacente (organização e localização dos dados). São quatro as principais componentes do sistema de gestão de bases de dados:

- **Linguagem de definição de dados (DDL)**

- **Linguagem de Manipulação de Dados (DML)**
- **Linguagem de consulta**
- **Gerador de Relatórios**

<u>Linguagem de definição de dados (DDL)</u>: A linguagem de definição de dados é utilizada para definir a estrutura da base de dados. A definição da estrutura da base de dados (também conhecida como esquema da base de dados) inclui normalmente o seguinte:

- Definição de todos os elementos de dados a incluir na base de dados.
- Organização dos elementos de dados (campos) em tabelas de registos (ou tuplos), etc.
- Definição do nome, comprimento e tipo de campo para cada elemento de dados.
- Definição de controlos para campos que só podem ter valores selectivos.
- Definição de controlos de acesso a vários quadros, registos e campos para diferentes tipos de utilizadores, a fim de proteger os elementos de dados sensíveis contra o acesso não autorizado.
- Definição de relações lógicas entre vários elementos de dados da base de dados.

Em suma, praticamente tudo sobre uma estrutura de base de dados está incluído no seu esquema.

Os sistemas de bases de dados são instalados e coordenados normalmente por um indivíduo denominado "***ADMINISTRADOR DA BASE DE DADOS***".

<u>Linguagem de Manipulação de Dados (DML)</u>: Uma vez definida a estrutura de uma base de dados (esquema de base de dados), esta está pronta para a introdução e manipulação de dados. A linguagem de manipulação de dados (DML) inclui comandos que permitem aos utilizadores introduzir e manipular dados com estes comandos, o utilizador pode adicionar novos registos à base de dados, navegar pelos registos existentes, visualizar o conteúdo de vários campos de um registo, modificar o conteúdo de um ou mais campos de um registo, apagar um registo existente e ordenar os registos na sequência desejada.

<u>Linguagem de consulta</u>: Embora seja possível navegar através de uma base de dados um registo de cada vez para extrair a informação desejada da base, esta abordagem pode ser muito ineficaz e frustrante quando existem milhares de registos e vários ficheiros na base de dados. Assim, todo o sistema de gestão da base de dados proporciona uma "linguagem de consulta" que permite aos utilizadores definir os seus requisitos como consultas para extrair a informação pretendida de uma base de dados.

Uma linguagem de consulta pode ser facilmente aprendida por um não-programador. Isto permite aos utilizadores normais de uma base de dados obterem a informação desejada da base sem a ajuda de qualquer programa.

Gerador de relatórios: Um "relatório" é a apresentação de informações extraídas de uma base de dados. Os "geradores de relatórios" permitem aos utilizadores de uma base de dados conceber o layout de um relatório no formato desejado. Isto significa que os utilizadores podem especificar o espaçamento adequado entre os dados a apresentar num relatório, podendo também incluir títulos e subtítulos adequados do relatório, títulos de colunas, números de páginas e outros elementos que tornem um relatório mais legível e apresentável.

PONTOS A LEMBRAR

1. Um conjunto de valores utilizados para representar quantidades diferentes é conhecido como Sistema de Números.
2. A base é definida como o número total de dígitos disponíveis no sistema numérico.
3. No Decimal Number System, a base é igual a 10 porque no total existem dez símbolos ou dígitos (0, 1, 2, 3, 4, 5, 6, 7, 8 e 9).
4. No sistema de números binários, a base é igual a 2, pelo que existem dois símbolos ou dígitos 0 e 1.
5. No sistema numérico octal, a base é 8. Assim, existem apenas oito símbolos ou dígitos - 0, 1, 2, 3, 4, 5, 6, e 7.
6. No sistema de número hexadecimal, a base é 16. Assim, existem 16 símbolos ou dígitos. Os primeiros "10" dígitos são os mesmos dígitos do sistema de número decimal 0, 1, 2, 3, 4, 5, 6, 7, 8 e 9. Os restantes seis dígitos são assinalados pelos símbolos A, B, C, D, E e F que representam os valores decimais 10, 11, 12, 13, 14 e 15, respectivamente.
7. A álgebra booleana lida com o sistema de número binário. É muito útil na concepção de circuitos lógicos utilizados em processadores de sistemas informáticos.
8. O símbolo "+" é utilizado para aditamento lógico (também conhecido como operador OR).

9. O símbolo "•" é utilizado para a multiplicação lógica (também conhecido por AND operator).

10.O símbolo "-" é utilizado para o operador da complementação. É também conhecido como operador "NOT".

11.Todas as operações dentro de um computador são realizadas por meio de combinações de sinais que passam por blocos de circuitos integrados, conhecidos como portas lógicas.

12.Os portões lógicos básicos são - AND gate, OR gate, NOT gate, NOR gate e NAND gate.

13.As portas NAND e NOR são conhecidas como a porta universal, porque cada porta ou circuito pode ser implementado com a ajuda da porta NAND ou da porta NOR.

14.A abordagem baseada em ficheiros era um método tradicional utilizado nos primeiros dias de tratamento de dados. In foi substituído hoje pela Abordagem Orientada para Bases de Dados.

15.É fornecido um conjunto de programas para facilitar aos utilizadores a organização, criação, eliminação, actualização e manipulação de dados numa base de dados. Todos estes programas em conjunto formam um Sistema de Gestão de Bases de Dados (SGBD).

16.O modelo de base de dados define a forma como os vários ficheiros de uma base de dados estão ligados entre si. Quatro modelos de bases de dados habitualmente utilizados são - Modelo hierárquico/base de dados, Modelo de rede/base de dados, Modelo de relação/base de dados e Modelo orientado para objectos/base de dados

17.A linguagem de definição de dados (DDL) é utilizada para definir a estrutura da base de dados (a estrutura da base de dados é também conhecida como esquema).

18.A Data Manipulation Language (DML) inclui comandos que permitem aos utilizadores introduzir e manipular dados com estes comandos, o utilizador pode adicionar novos registos à base de dados, navegar pelos registos existentes, visualizar o conteúdo de vários campos de um registo, modificar o conteúdo de um ou mais campos de um registo, apagar um registo existente e ordenar os registos na sequência desejada.

PERGUNTAS:

1. Diferenciar entre o sistema de números posicionais e não posicionais?

2. Qual é a base de um sistema numérico?

3. Encontrar o equivalente decimal para os seguintes números -

    a) $(11011)_2$ (b) $(471)_8$

    c) $(11371)_8$ (d) $(10101)_2$

    e) $(A57)_{16}$ (f) $((2384)_{16}$

    g) $(121)_4$ (h) $(1261)_7$

4. Converter o seguinte -

    a) $(578)_{16} = (?)_{10}$

    b) $(314)_8 \quad = (?)_{10}$

    c) $(187)_{10} = (?)_2$

    d) $(4AD)_{16} = (?)_2$

    e) $(999)_{10} = (?)_2$

    f) $(787)_{10} \quad = (?)_8$

    g) $(981)_{10} = (?)_{16}$

    h) $(791)_{10} \quad = (?)_{16}$

5. Explicar a álgebra booleana.

6. Explique o seguinte -

    a. Portão OU

    b. E portão

    c. NOT gate

    d. Porta NAND

    e. Porta NOR

7. Os portões NAND e NOR são portões universais. Explicar.

8. Escrever todos os postulados de álgebra booleana.

9. O que é o processamento de dados?

10. O que é uma base de dados? Como é diferente de um ficheiro?

11. Quais são os dois métodos padrão utilizados no sistema de processamento de dados para organizar os dados?

12. O que é um sistema de gestão de ficheiros?

13. Explicar os vários modelos de dados.

14. Explique o seguinte -

    a. Base de dados

    b. Base de dados relacional

    c. Base de dados orientada para os objectos

    d. Sistema de gestão de bases de dados

15. Explicar as componentes do sistema de gestão de bases de dados?

CAPÍTULO - 12

INTRODUÇÃO À LINGUAGEM "C

12.1 **INTRODUÇÃO:**

O computador é utilizado desde os primeiros cálculos científicos até ao actual processamento de dados comerciais. Por exemplo, FORTRAN foi desenvolvido para cálculos científicos, PASCAL para aplicações gerais, COBOL para processamento de dados empresariais e PROLOG e LISP para aplicações de inteligência artificial. Existe uma necessidade de linguagem de programação para o desenvolvimento de programas de sistemas.

C tem sido utilizado com sucesso para todo o tipo de problemas de programação imagináveis desde sistemas operativos a folhas de cálculo, passando por sistemas especializados e estão disponíveis compiladores eficientes para máquinas desde o Apple Macintosh até aos supercomputadores Cray. As maiores medidas de sucesso do C parecem basear-se em considerações puramente práticas, tal como a seguir se indica:

* A portabilidade do compilador.
* O conceito de biblioteca padrão.
* Um repertório poderoso e variado de operadores.
* Uma sintaxe elegante.
* Acesso imediato ao hardware, quando necessário.
* E a facilidade com que as aplicações podem ser optimizadas através de procedimentos isolados de codificação manual.

C é frequentemente designada como linguagem de programação de "Nível Médio". Esta não é a reflexão sobre a sua falta de capacidade de programação, mas mais uma reflexão sobre a sua capacidade de acesso às funções de baixo nível do sistema. C não fornece todas as construções encontradas na linguagem de alto nível, mas fornece-nos todos os blocos de construção de que precisaremos para produzir os resultados que queremos.

História da língua "C":

C é a linguagem de uso geral que tem sido estreitamente associada ao sistema operacional UNIX para o qual foi desenvolvido. Uma vez que o sistema e a maioria dos programas que nele são executados estão escritos em C.

Muitas das ideias importantes do C provêm da linguagem BCPL (Basic Combined Programming Language), desenvolvida por Martin Richards. A influência do BCPL de C processou-se indirectamente através da linguagem B, escrita por Ken Thompson em 1970 no Bells Labs, para o primeiro sistema UNIX no DEC PDP-7. BCPL e B são línguas "tipo menos", enquanto que C fornece uma variedade de tipos de dados.

Em 1972, Dennis Ritchie da Bell Labs escreve C e em 1978 a publicação de "The C Programming Language" da Kernighan & Ritchie causou uma revolução no mundo da computação. Em 1983, o American National Standards Institute (ANSI) criou um comité para fornecer uma definição moderna e abrangente de C. A definição resultante, a norma ANSI, de "ANSI C", foi concluída no final de 1988.

Usos da língua C:

C foi inicialmente utilizado para o trabalho de desenvolvimento do sistema, em particular os programas que compõem os sistemas operacionais. Porquê utilizar o C? Principalmente, porque produz código que corre quase tão rápido como escrito em linguagem assembly. Algumas das utilizações do C podem ser:

- Sistemas Operativos
- Compiladores de línguas
- Assemblers
- Editores de texto
- Impressão de Spoolers
- Condutores de rede
- Programas Modernos
- Bases de Dados
- Intérprete de línguas
- Utilidades

Características e Aplicações da C:

C tornou-se uma linguagem de programação popular devido às suas muitas características. As características importantes do C são:

- C é uma linguagem de programação de objectivo geral.
- C tem um rico conjunto de operadores.
- C é uma linguagem de programação estruturada.
- C proporciona uma representação compacta para a expressão.
- C permite a manipulação dos registos internos do processador.
- C não tem um formato rígido. Qualquer número de declarações pode ser escrito numa única linha.
- C é portátil. Qualquer programa em C pode funcionar em máquinas diferentes com pouca ou nenhuma modificação.
- C suporta um rico conjunto de tipos de dados.
- C tem um número muito menor de palavras-chave reservadas.

- C tem aritmética de ponteiro e manipulação de ponteiro.
- C tem a capacidade de se alargar, acrescentando funções à sua biblioteca.

Devido à sua portabilidade e eficiência, o C é utilizado para desenvolver tanto o sistema como o software de aplicação. Alguns dos softwares de sistema e de aplicação estão listados abaixo

Software do sistema

- Sistema Operativo
- Compiladores
- Editores
- Intérpretes
- Assemblers
- Carregadores
- Linkers

Software de Aplicação

- Sistema de Base de Dados
- Pacotes gráficos
- Folhas de Cálculo
- Processadores de texto
- Ferramentas de Office Automation
- Aplicações científicas e de engenharia
- Aplicações CAD/CAM

12.2 ESTRUTURA BÁSICA DO PROGRAMA C:

Todas as linguagens de programação têm o seu próprio formato de codificação, o mesmo acontecendo com a linguagem C. Os componentes básicos do programa C são:

- principal( ) função
- Par de aparelho encaracolado {, }
- Declarações e declarações
- Funções definidas pelo utilizador

A estrutura completa do programa C é apresentada como:

> **declarações do pré-processador**
> **declarações globais;**
>> **principal ( )**
>> **{**
>>> **Declaração;**
>>> **Declarações;**
>> **}**
> **funções definidas pelo utilizador**

Declarações do pré-processador: Estas declarações começam com o símbolo #, e são também chamadas directivas do pré-processador. Estas afirmações orientam o pré-processador C para incluir ficheiros de cabeçalho e também constantes simbólicas num programa em C. Saberemos mais sobre as declarações do pré-processador mais tarde. Algumas das afirmações do pré-processador são dadas abaixo:

#include< stdio.h> : para   as funções de entrada/saída padrão

#include< conio.h> : para   as funções de entrada/saída da consola

#incluir "Test.h" : para a inclusão do ficheiro de cabeçalho Teste

#incluir NULL 0 : para definir a constante simbólica, NULL = 0

<u>Declaração Global</u>: As variáveis ou funções cuja existência é conhecida na função principal( ) e outras funções definidas pelo utilizador, são designadas variáveis (ou funções) globais, e a sua declaração é designada por declarações globais. Esta declaração deve ser feita antes da função principal( ).

<u>principal( )</u>: esta é a função principal de cada programa C. A execução de cada programa em C começa a partir da função main( ). Deve ser escrito em ordem minúscula e não deve ser terminado por ponto-e-vírgula. Esta função chama outras funções de biblioteca e funções definidas pelo utilizador. Deve haver uma e apenas uma função principal( ) em cada programa em C.

<u>Aparelhos de apoio</u>: Cada programa em C usa um par de braceletes encaracolados {, }. O aparelho da esquerda indica o início da função principal( ). Por outro lado, o aparelho da direita indica o fim da função principal( ). O par de chaves de caracóis também pode ser usado para indicar o início das funções definidas pelo usuário e das instruções compostas.

<u>Declarações</u>: É a parte dos programas C onde todas as variáveis, matrizes, funções, etc. utilizadas no programa C são declaradas e podem ser inicializadas com os seus tipos de dados básicos.

<u>Declarações</u>: Existem instruções ou declarações ao computador para realizar uma operação específica. Podem ser instruções de saída de entrada, declarações aritméticas e outros tipos diferentes de declarações.

<u>Funções Definidas pelo Utilizador</u>: Estes são os subprogramas e contêm um conjunto de afirmações para realizar tarefas específicas. Estas são escritas pelos utilizadores. Podem ser escritas antes de depois da função principal( ).

Por exemplo: Um exemplo de programa C é dado como:

```
#include< stdio.h>
principal( )
{
        printf ("WELCOME TO C WORLD" );
}
```

A produção será dada como:

BEM-VINDO AO MUNDO C

No programa acima, a primeira linha diz ao compilador para incluir um ficheiro de cabeçalho padrão de entrada/saída para efectuar a leitura e impressão dos dados. A segunda linha é a principal( ), a função principal de um programa em C. O corpo do programa C contém apenas uma declaração, ou seja, *printf ("WELCOME TO C WORLD")*. Quando a instrução tomada para execução, main( ) chama a instrução printf( ) e print( ) é incluída em *< stdio.h>*. A declaração printf( ) imprime o *WELCOME TO C WORLD* no ecrã do computador.

Compilação e Execução do programa C:

Compilar um programa C significa traduzi-lo para a língua da máquina, para o tradutor C complier é utilizado. O programa em C a ser compilado deve ser escrito utilizando o editor. O editor é um programa que permite que o programador escreva no programa e depois o modifique. Os compiladores em C estão disponíveis com ou sem editores. O ambiente onde encontramos o compilador, o editor, as ferramentas de depuração, as instalações de ligação, o rastreio e as ferramentas de teste chama-se *Ambiente Integrado de Desenvolvimento (IDE)*. Por exemplo: Turbo C (TC), Borland, C, Microsoft C/C++, e ANSI C.

Existem basicamente cinco passos básicos para a execução bem sucedida de um programa C. São as seguintes:

i. Criação de um ficheiro de programa
ii. Salvar o programa com extensão .c ou . cpp
iii. Compilação
iv. Ligar as funções da biblioteca do sistema
v. Executar (ou executar) o programa

Na Plataforma DOS: Na plataforma DOS, se utilizarmos o editor C/C++, os passos seguintes ajudam-nos na entrada e compilação do nosso programa C:

- No prompt DOS digite **cd tc** e pressione a tecla **ENTER.**
- Próximo tipo **tc** para carregar e executar o editor TC.
- Prima a tecla **F3** e escreva o **nome do ficheiro** (exemplo Hello.c) na janela pequena e prima a tecla **ENTER.**
- Vamos obter um ecrã completo e continuar a digitar o nosso programa C.
- Após a conclusão da digitação, temos de salvar o programa. Para o fazer prima a tecla **F2.**
- Para compilar, prima simultaneamente as teclas **ALT** e **F9** e seleccione "build all options" no menu pendente a partir da opção "compile" na barra de menus. Em seguida, pressione a tecla **ENTER.** Isto cria um ficheiro objecto (**obj**) para o nosso programa C.

- Para executar ou executar o programa pressione simultaneamente as teclas **ALT** e **R.** E, selecione a opção run no menu suspenso. Em seguida, pressione a tecla **ENTER.** Este passo irá executar o nosso programa C.
- Para ver a saída prima simultaneamente as teclas **ALT** e **F5.** Isto leva-nos para o ecrã do utilizador onde é mostrada a saída do programa C. Agora prima qualquer tecla para voltar para o ecrã de edição.

Na plataforma UNIX: O UNIX fornece o editor *vi* para programadores C. O vi representa o *editor visual*. Os passos envolvidos aqui são os seguintes:

- Digite o seguinte comando no prompt do UNIX ($)

  vi nome do ficheiro.c

  Isto cria um ficheiro de programa chamado *filename* com a extensão C. A seguir, digite o nosso programa. Guarde o nosso programa e saia do editor vi. Isto é feito premindo primeiro a tecla ESC, de seguida a tecla SHIFT e premindo duas vezes a tecla Z. Agora, vamos obter o prompt UNIX.

- Agora digite o seguinte comando no prompt do UNIX

  CC nome do ficheiro.c

  O comando CC serve tanto para a compilação como para a ligação. Ele produz o arquivo executável padrão **a.out**. O a.out carrega o código objecto executável para a memória e executa as instruções. A saída do arquivo filename.c é obtida digitando a.out no prompt do comando.

A figura 12.1 mostra as fases de compilação e ligação durante a ligação de um programa em C.

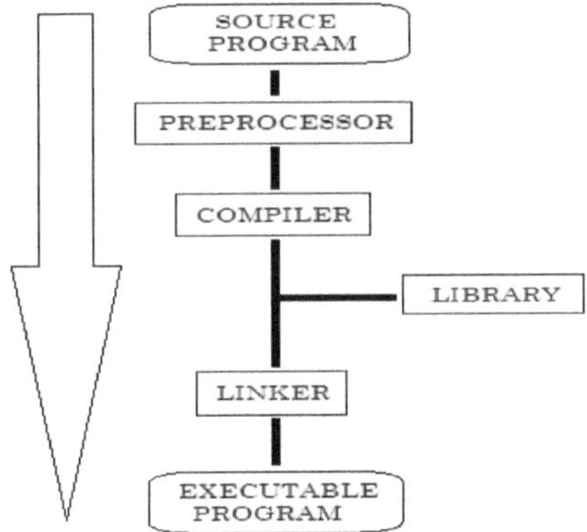

Figura 12.1: Etapas de Compilação e Ligação

12.3 <u>TIPOS DE DADOS E CLASSE DE ARMAZENAMENTO:</u>

A linguagem de programação é uma arte de escrever instruções para fornecer as informações desejadas. O processamento de dados requer um conjunto de dados a introduzir ou a produzir. Um carácter é qualquer valor que possa ser representado no alfabeto do computador. Agora vamos discutir conjuntos de caracteres, conceitos de constantes e variáveis e seus tipos que são usados nas linguagens de programação C.

Conjunto de caracteres:

Cada linguagem de programação tem o seu próprio conjunto de caracteres para formar os elementos léxicos. Os caracteres utilizados em C estão agrupados nas três categorias seguintes:

- Os alfabetos minúsculos

  a - z   A - Z
- Os dígitos

  0 – 9
- Os caracteres especiais

  . (Período)   (Vírgula)   : (Coronel)   (Ponto e vírgula)

  (Apóstrofe) $ (sinal de dólar)   " (aspas)   / (Slash)

  & (Ampersand)   % (Percentagem de sinal)   _ (Em nota) ^ (Caret)

  ! (Ponto de exclamação) { (Braços esquerdos)   { (Aparelho da direita)   # (Hash)

  = (Igual a)   * (Asterisco)   + (Sinal positivo)

  - (Sinal de menos)

  [(Parênteses rectos à esquerda)] (Parênteses rectos) |(Barra Vertical)

  ((Parênteses da esquerda)   ) (Parênteses rectos)

  ~ (Tilde)

  < (Suporte de ângulo de abertura)   > (Suporte do ângulo de fecho)

Fichas C:

As unidades básicas e as mais pequenas de um programa em C são chamadas Tokens C. Existem seis tipos de fichas C em C.

- Palavras-chave
- Constantes
- Identificadores
- Operadores
- Cordas
- Símbolos especiais

Palavras-chave e identificadores:

Cada palavra no programa C é ou uma palavra-chave ou um identificador. Todas as palavras-chave, também conhecidas como palavras de reserva, são basicamente a sequência de caracteres que têm um ou mais significados fixos, que não podem ser alterados. Todas as palavras-chave em C são escritas em letras minúsculas. Uma vez que, em C, tanto as letras minúsculas como as maiúsculas são significativas. Há um total de 32 palavras-chave presentes em C. A tabela abaixo mostra todas as palavras-chave suportadas pela ANSI C.

auto	Intervalo	caso	char
const	Continuar	por defeito	do
duplo	Else	enum	externo
flutuador	Para	ir para	se
int	Long	registar	devolução
abreviado	Assinado em	tamanho do	estático
estrutura	Switch	typedef	união
não assinado	Void	volátil	enquanto

Quadro 12.1: Palavras-chave em C

Os identificadores são os nomes dados aos elementos do programa, tais como variáveis, matrizes e funções. Basicamente, os identificadores são a sequência de alfabetos e dígitos. As regras que regem a formulação dos nomes dos identificadores são dadas a seguir:

- O primeiro carácter deve ser um alfabeto (maiúsculas ou minúsculas) ou um sublinhado.
- Todos os caracteres que se seguem devem ser letras ou algarismos.
- Os identificadores em maiúsculas e minúsculas são diferentes em C.
- Não são permitidos caracteres especiais ou símbolos de pontuação, excepto o sublinhado "_".
- Não são permitidos dois sublinhados sucessivos.
- As palavras-chave não devem ser utilizadas como identificadores.

Constantes:

O tratamento dos dados requer um conjunto de dados a introduzir ou a produzir. Estes dados podem ser uma cadeia de caracteres. O programador decidirá que tipo de dados é necessário para resolver o problema em questão. A quantidade que não se altera durante a execução do programa é conhecida como *constante*. Existem dois tipos de constantes em C, como mostra a figura 12.2.

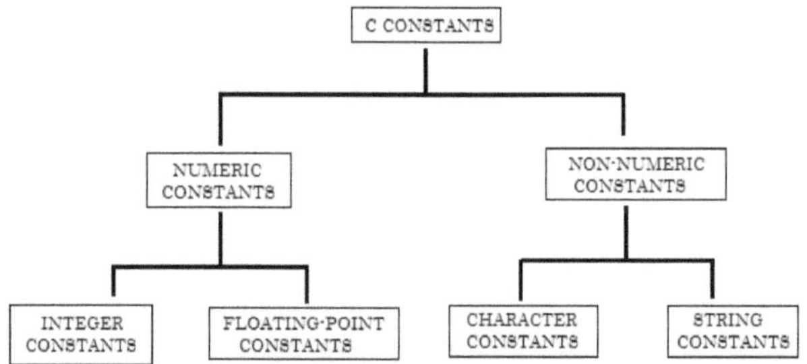

<u>Figura 12.2: C Constantes</u>

- **Constantes inteiras:** Uma constante inteira é um número inteiro. É uma sequência de dígitos sem um ponto decimal. É prefixada com um sinal de mais ou menos. A forma geral de uma constante inteira é:

  dígitos   do sinal

  onde, **sinal-** opcional de mais para números inteiros positivos e sinal de menos para números inteiros negativos.

  Dígitos - uma sequência de dígitos

  Exemplos: 289, 0, -232, +123, etc.

- **Constantes Flutuantes:** Uma constante flutuante é um número com um ponto decimal. É definida como uma sequência de dígitos precedida e seguida pela vírgula decimal. Podem ter um prefixo mais ou menos. a forma geral da constante flutuante é:

  sinal   parte   inteira ponto   decimal   parte fracionária

  onde, **Sinal** - opcional sinal de mais ou menos

  Parte inteira - uma sequência de dígitos antes da parte decimal

  Parte decimal - símbolo do período

  Parte fraccionada - uma sequência de dígitos após a parte decimal

  Exemplos: -234,43, +123,98, 989,00, 0,000323, -0,098, etc.

- **Constantes de caracteres:** Uma constante de caracteres é um único carácter fechado dentro de um único par de aspas.

  Exemplos: "a", "W", "%", "#", etc.

- **Constantes de Cordas:** Uma constante de corda é uma sequência de caracteres encerrada dentro de um par de aspas duplas. O caracter pode ser letra, número ou carácter especial.

  Exemplos: "HELLO", "234", "d+23", etc.

<u>Variáveis:</u>

A quantidade que muda durante a execução de um programa é chamada *variável*. As variáveis são os nomes dados para identificar os elementos específicos do programa. Por conseguinte, as variáveis são igualmente designadas como identificadores. A variável representa um determinado local de memória onde os dados podem ser armazenados. São utilizadas para denotar constantes, funções, matrizes, campos de estruturas, nome de ficheiros, etc. Existem algumas regras para a formação do nome da variável.

- O primeiro carácter deve ser um alfabeto ou um sublinhado.
- Todos os caracteres que se seguem devem ser letras ou algarismos.
- Tanto as variáveis maiúsculas como as minúsculas são significativas em C.
- Escrever as variáveis em minúsculas é uma boa prática de programação.
- As palavras-chave não devem ser utilizadas como variáveis.
- Não são permitidos caracteres especiais, excepto o sublinhado "_".
- Não há limite para o número de caracteres de um nome variável.

Existem alguns exemplos de variáveis válidas e inválidas:

Variáveis válidas   : nome, idade, número_total, num[10], a, etc.

Variáveis inválidas : 8ab, pontuação total, s-name, $, etc.

Declaração de Variáveis: Todas as variáveis devem ser declaradas antes de serem utilizadas no programa. O objectivo da declaração das variáveis é reservar a quantidade de memória necessária para estas variáveis. A declaração é feita na parte do programa que faz parte da declaração. A sintaxe para declarar as variáveis é:

  tipo_de_dados_nome_da_variável ponto-e-vírgula

Onde, **Data_type** - tipo de dados básicos, tais como int, char, float, etc.

Variable_name - nome da(s) variável(s) que vão ser utilizadas no programa. Todas as variáveis são do tipo Data_type e separadas por vírgula.

Ponto-e-vírgula - Um delimitador da declaração.

Exemplos:

```
int     comprimento;
char    nome[20], cityname[20];
flutuador     área;
```

Atribuição de Valores a Variáveis: Sabemos que as variáveis representam algumas localizações de memória, onde os dados são armazenados. Cada variável está associada a um ou mais valores. O processo de atribuição ou atribuição de valores às variáveis é conhecido como atribuição de valores. O operador de atribuição '=' é utilizado para este processo. A sintaxe para a atribuição de valores à variável é apresentada a seguir:

  variável_nome = valor ;

onde, **variable_name** - representa a localização da memória, onde os dados serão armazenados.

= - operador de atribuição

valor - pode ser uma constante ou uma variável

Existem dois métodos para atribuir os valores à variável. No primeiro método, o valor é atribuído no momento da declaração da variável. A atribuição de variáveis no momento da declaração é chamada inicialização.

Exemplo: int a = 10;

No segundo método, os valores iniciais são atribuídos às variáveis na parte executável do programa. A atribuição na parte executável não inclui o tipo de dados.

Exemplo: int a;
            a = 10;

<u>Tipos de dados</u>:

O tipo de dados indica o tipo de dados que a variável pode armazenar. Os dados podem ser de natureza numérica ou não numérica. Em C, os tipos de dados são categorizados em:

a) Tipos de dados incorporados
b) Tipos de dados derivados
c) Tipos de dados definidos pelo utilizador

a) Tipos de dados incorporados: São tipos de dados básicos ou primitivos e designam um único valor. Existem quatro tipos de dados incorporados fundamentais.

- Integers
- Números reais ou de Pontos Flutuantes
- Personagens
- Dupla Precisão Números reais

Para além destes tipos de dados de base, C fornece alguns outros tipos de dados. Geralmente, são chamados modificadores de dados ou qualificadores de dados. São utilizados para fornecer a precisão dos dados.

int:

- O tipo de dados inteiros permite que uma variável armazene valores numéricos.
- A palavra-chave "int" é utilizada para referir o tipo de dados inteiros.
- O tamanho do armazenamento de dados int é de 2 ou 4 ou 8 bytes.

- Varia em função do processador da CPU que utilizamos. Se estamos a usar um processador de 16 bits, 2 bytes (16 bits) de memória serão alocados para o tipo de dados int.
- Do mesmo modo, são atribuídos 4 bytes (32 bits) de memória para o processador de 32 bits e 8 bytes (64 bits) de memória para o processador de 64 bits para o tipo de dados int.
- int (2 bytes) pode armazenar valores de -32.768 a +32.767
- int (4 bytes) pode armazenar valores de -2.147.483.648 a +2.147.483.647.

flutuar:

- O tipo de dados flutuantes permite que uma variável armazene valores decimais.
- O tamanho do armazenamento do tipo de dados float é de 4, o que também depende do processador na CPU como tipo de dados "int".
- Podemos utilizar até 6 dígitos após as casas decimais, utilizando o tipo de dados flutuantes.
- Por exemplo, 10.456789 pode ser armazenado numa variável utilizando o tipo de dados flutuantes.

char:

- O tipo de dados de caracteres permite que uma variável armazene apenas um carácter.
- O tamanho do armazenamento do tipo de dados de carácter é 1. Só podemos armazenar um carácter usando o tipo de dados de carácter.
- A palavra-chave "char" é utilizada para referir o tipo de dados de caracteres.
- Por exemplo, "A" pode ser armazenado utilizando o tipo de dados cartográficos. Não é possível armazenar mais de um caractere utilizando o tipo de dado char.

duplo:

- O duplo tipo de dados é também o mesmo que o tipo de dados de flutuação, que permite até 10 dígitos após a casa decimal.
- O intervalo para o duplo tipo de dados é de 1E-37 a 1E+37.

Modificadores:

- Os modificadores são prefixados com tipos de dados básicos para modificar (aumentar ou diminuir) a quantidade de espaço de armazenamento atribuído a uma variável.
- A quantidade de espaço de memória a atribuir a uma variável é derivada por modificadores.

- Por exemplo, o espaço de armazenamento para o tipo de dados int é de 4 bytes para o processador de 32 bits. Podemos aumentar o intervalo utilizando o int longo que é 8 bytes. Podemos diminuir o intervalo utilizando o int curto que é de 2 bytes.

Há 5 modificadores disponíveis na língua C. São eles:
- abreviado
- longo
- assinado
- não assinado
- longo

O quadro seguinte apresenta os detalhes sobre o tamanho de armazenamento de cada tipo de dados básicos C em processador de 16 bits:

C Tipos de dados / tamanho do armazenamento	Gama
char / 1	-127 a 127
int / 2	-32.767 a 32.767
flutuador / 4	1E-37 a 1E+37 com seis dígitos de precisão
duplo / 8	1E-37 a 1E+37 com dez dígitos de precisão
duplo longo / 10	1E-37 a 1E+37 com dez dígitos de precisão
longo int / 4	-2.147.483.647 a 2.147.483.647
curto int / 2	-32.767 a 32.767
curto int / 2 não assinado	0 a 65.535
assinado curto int / 2	-32.767 a 32.767
longo longo int / 8	-(2power(63) -1) a 2(power)63 -1
assinado longo int / 4	-2.147.483.647 a 2.147.483.647
não assinado longo int / 4	0 a 4.294.967.295
não assinado longo int / 8	2(potência)64 -1

b) Tipos de dados derivados: Os tipos de dados derivados são construídos a partir dos tipos de dados de base (int, char, float, double). Por exemplo: matriz, estrutura, união, etc.

c) Tipos de dados definidos pelo utilizador: Os tipos de dados definidos pelo utilizador são aqueles que são definidos pelo utilizador de acordo com as necessidades do programa.

Classe de armazenagem:

A classe de armazenagem determina o seguinte sobre a variável declarada:

- **Espaço de armazenamento:** Determina onde a variável vai ser armazenada (RAM / registo).
- **Âmbito de aplicação da variável:** Determina o âmbito da variável, ou seja, LOCAL ou GLOBAL.
- **Tempo de vida:** Determina quanto tempo a variável existirá.
- **Valor Inicial:** Determina sobre o valor inicial da variável.

Existem quatro classes de armazenagem em C:

- a) Classe de Armazenamento Automático
- b) Registar Classe de Armazenamento
- c) Classe de armazenagem estática
- d) Classe de armazenagem externa

a) Classe de Armazenagem Automática: É a classe de memória padrão, ou seja, sempre que uma variável é declarada dentro de um módulo sem qualquer especificação de classe de memória, ela é por padrão assumida como variável automática.

Declaração: **auto int x, y;** ou **int x, y;**

Quando *auto* é uma palavra-chave que representa a classe de armazenamento automático. As características deste tipo de variáveis são:

- **Espaço de armazenamento:** memória principal (RAM)
- **Âmbito da variável:** está limitada ao módulo
- **Tempo de vida:** igual ao tempo de vida do módulo
- **Valor inicial:** lixo

b) Registar a Classe de Armazenamento: A classe de armazenamento do registo partilha todas as suas características com a classe de armazenamento automático, excepto que o armazenamento destas variáveis é atribuído dentro do registo interno da CPU.

Declaração: reg int x, y;

Onde *reg* é uma palavra-chave que representa a classe de armazenamento do registo. As características deste tipo de variáveis são:

- **Espaço de armazenamento:** registos internos de CPU
- **Âmbito da variável:** está limitada ao módulo
- **Tempo de vida:** igual ao tempo de vida do módulo
- **Valor inicial:** lixo

c) Classe de Armazenagem Estática: O âmbito das variáveis estáticas pode ser local ou global. Depende se a declaração estática é dada fora de todas as funções (incluindo a função **principal ()**), ou dentro de um determinado módulo.

Declaração: estática int x, y;

Quando *estática* é uma palavra-chave que representa a classe de armazenamento do registo. As características deste tipo de variáveis são:

- **Espaço de armazenamento:** memória principal (RAM)
- **Âmbito da variável:** local ou global, depende de uma declaração
- **Tempo de vida:** depende também da declaração, declara-se globalmente então a vida da variável será igual à vida do programa e a outra igual à vida do módulo
- **Valor inicial:** lixo

d) Classe de armazenagem externa: A variável declarada fora de todas as funções (incluindo a função principal ()) é classificada na classe de armazenagem externa. Geralmente, estas funções são declaradas antes da função principal ().

Declaração: int x externo, y;

Quando *exterior* é uma palavra-chave que representa uma classe de registo de armazenamento. As características deste tipo de variáveis são:

- **Espaço de armazenamento:** memória principal (RAM)
- **Âmbito de aplicação da variável:** global
- **Tempo de vida:** igual à vida do programa
- **Valor inicial:** zero

12.4 <u>OPERADORES E EXPRESSÕES:</u>

A fim de realizar operações aritméticas e lógicas básicas, são necessários operadores. Os operadores actuam como conectores e indicam que tipo de operações estão a ser realizadas. Os valores que podem ser operados por estes valores são chamados operandos. Existem diferentes tipos de operadores. Nesta secção vamos discutir todos os operadores com as suas características e aplicações.

C tem um rico conjunto de operadores. Podem operar num único operando ou em dois operandos. São utilizados para realizar operações aritméticas básicas, comparação, manipulações de bits, etc. Os operadores de C estão classificados, em termos gerais, em três categorias principais:

* Operadores Unitários
* Operadores Binários
* Operadores Ternários

Operadores Unitários: Um operador que actua apenas sobre um operando é conhecido como *operador unário*. Em C, os operadores unários são:

* Unário menos
* Operador lógico NÃO
* Complementação bitwise

Unário Menos: Qualquer operando positivo associado a operadores unários menos tem o seu valor alterado para negativo. Por exemplo, qualquer operando positivo associado a operadores unários menos o valor é alterado para negativo:

Que	a = 3, b = 4
	c = a + (-b)
	c = 3 + (-4)
	c = -1

Aqui, c = -1 porque *b* era inicialmente uma variável inteira positiva, quando operada por um unário menos, tem o seu valor alterado para negativo. A complementação lógica NOT e bitwise será discutida em operadores lógicos e bitwise operadores, respectivamente.

Operadores Binários: Estes operadores podem actuar sobre dois operandos. Os operadores binários são ainda classificados em quatro categorias:

* Operadores Aritméticos
* Operadores lógicos
* Operadores Relacionais
* Operadores Bitwise

Operadores Aritméticos:

Os operadores aritméticos são utilizados para realizar operações aritméticas básicas, como adição, subtracção, multiplicação e divisão. A linguagem C não proporciona um operador exponencial exclusivo. Isto pode ser realizado por *pow( )*, que é uma função de biblioteca.

O operador do módulo é acrescentado à lista de operadores C. É utilizado para encontrar o restante após uma divisão por número inteiro. O quadro seguinte apresenta as operações aritméticas, os operadores e a sua precedência em termos de associatividade (ordem de execução).

Operações	Operadores	Precedência	Associatividade
Adição	+	2	Esquerda para a direita

Subtracção	–	2	Esquerda para a direita
Multiplicação	*	1	Esquerda para a direita
Divisão	/	1	Esquerda para a direita
Módulo	%	1	Esquerda para a direita

Quadro 12.3: Operadores aritméticos

No quadro 12.3, o número mais baixo indica a prioridade mais elevada e o número mais elevado indica a prioridade mais baixa e a associatividade indica a ordem em que os termos são avaliados.

Os operadores aritméticos operam basicamente com números inteiros e números reais (float). Assim, existem dois tipos de operações aritméticas: a *aritmética inteira* e a *aritmética de ponto flutuante*. Se ambos os operandos são do tipo inteiro, então a aritmética inteira é executada para produzir um número inteiro. Se ambos os operandos são do tipo float, então a aritmética de vírgula flutuante é executada para render um número de vírgula flutuante.

Exemplo (aritmética inteira):   int   a, b;

           a = 10;

           b = 3;

Depois, para adição   : a + b = 10 + 3 = 13

Para subtracção   : a - b = 10 - 3 = 7

Para multiplicação : a * b = 10 * 3 = 30

Para a divisão   a / b = 10 / 3 = 3

Para o módulo   a % b = 10 % 3 = 1

NOTA: O operador do módulo não pode ser utilizado com números de ponto flutuante.

Exemplo (aritmética de ponto flutuante):   float   a, b;

           a = 10.0;

           b = 4.0;

Depois, para adição   : a + b = 10,0 + 4,0 = 14,0

Para subtracção   : a - b = 10,0 - 4,0 = 7,0

Para multiplicação : a * b = 10,0 * 4,0 = 40,0

Para a divisão   a / b = 10,0 / 4,0 = 2,5

Expressões aritméticas: Uma expressão que envolve operadores aritméticos é chamada *expressões aritméticas*. É necessário um ou mais operadores e liga-os a operadores aritméticos. Estes operandos ou são números inteiros ou números de ponto flutuante.

Exemplo:

a + b   (x * y) - z   x = p + (a * g)
log 10 (x / y + c)   pó ((a + b) / pó (a - b))

Avaliação da Expressão Aritmética: As expressões aritméticas são avaliadas da esquerda para a direita. As expressões envolvendo alta prioridade dos operadores são avaliadas em primeiro lugar. A precedência de cada operador é dada no quadro 3. As regras que regem a avaliação das expressões aritméticas são resumidas a seguir:

a) Se a expressão envolver parênteses, então a expressão dentro dos parênteses é avaliada em primeiro lugar. A prioridade é a mesma que se aplica às expressões sem parênteses.

b) Se na expressão estiver presente um unário menos, então o termo associado a unário menos deve ser avaliado antes da outra expressão.

Exemplo:

- **a + b**

  A expressão acima é muito simples, envolvendo um único operador. Aqui o valor de *a* é directamente acrescentado ao valor de *b*.

- **a + b * c**

  A expressão acima referida envolve dois operadores, + e *, em que a prioridade de * é superior a +. Assim, primeiro *b * c* será avaliado, depois o seu resultado será acrescentado ao valor de *a*.

- a * (b + c)

  Na expressão acima, há dois operadores aritméticos presentes, * e +. De acordo com a prioridade dos operadores, * deve ser avaliado primeiro, mas a expressão *b + c* está dentro do parêntese, portanto, a expressão *(b + c)* será avaliada primeiro, depois o seu resultado será multiplicado pelo valor de *a*.

<u>Operadores de incrementos e decréscimos</u>:

Operador de Incremento: Este operador é utilizado para aumentar o valor de uma quantidade inteira em um. Isto é representado por "++" (sinal duplo mais). Este símbolo pode ser colocado antes ou depois da variável inteira.

Por exemplo, se **int a = 5;** então, tanto **a++** como **++a** indicam **a = a + 1**. Assim, o valor de **a** será **6**.

Considere o seguinte programa para ilustrar o conceito de operador de incremento:

```
#include< stdio.h>
```

```c
principal ( )
{
        int a = 10, b = 6;
        printf ( " a = %d\n", a++);
        printf ( " b = %d\n", ++b);
}
```
Produção:

a = 10

b = 7

Se uma declaração com um operador de incremento for independente, então não há significado para o operador ++ quer seja colocada antes ou depois de uma variável inteira. Quando é utilizada numa expressão para uma variável inteira **int_var**, então

++ int_var : Isto indicou o pré-incremento. Ou seja, o valor de int_var deve ser incrementado antes de ser utilizado (incremento e utilização).

int_var ++ : Isto indica o pós-crescimento. Ou seja, use primeiro o valor de int_var e depois aumente-o (use e aumente).

Operador de decremento: Este operador é utilizado para diminuir por um o valor da quantidade inteira. Isto é representado por "- - -" (sinal duplo menos). Este símbolo pode ser colocado antes ou depois da variável inteira.

Por exemplo, se **int a = 10;** então, ambos **a- -** e **- - -a** indicam **a = a - 1**. Assim, o valor de **a** será **9**.

Considere o seguinte programa para ilustrar o conceito de operador de decremento:

```c
#include< stdio.h>
principal ( )
{
        int a = 10, b = 6;
        printf ( " a = %d\n", a- -);
        printf ( " b = %d\n", - -b);
}
```
Produção:

a = 10

b = 5

Se uma declaração com um operador decrescente for independente, então não há significado para - - operador quer seja colocado antes ou depois de uma variável inteira. Quando é utilizado numa expressão para uma variável inteira **int_var**, então

- - int_var   : Isto indica que o valor de int_var deve ser decrescido antes de ser utilizado.

int_var - - - : Isto indica que utilize o valor de int_var e depois o reduza.

<u>Operadores Relacionais:</u>

Estes operadores são utilizados para comparar dois operandos. Eles definem a relação existente entre duas constantes ou variáveis. Resultam em valores VERDADEIROS ou FALSOS. O valor de VERDADEIRO é diferente de zero e o valor de FALSO é zero.

Há seis operadores relacionais no quadro C. O quadro 12.4 dá aos operadores relacionais, a sua precedência e associatividade para a avaliação de uma expressão.

Operador	Significado	Precedência	Associatividade
<	é inferior a	1	Esquerda para a direita
< =	seja inferior ou igual a	1	Esquerda para a direita
>	é superior a	1	Esquerda para a direita
> =	seja superior ou igual a	1	Esquerda para a direita
= =	é igual a	2	Esquerda para a direita
! =	não é igual a	2	Esquerda para a direita

<u>Quadro 12.4: Operadores Relacionais</u>

Expressão Relacional: Uma expressão relacional é definida como a combinação significativa de operandos e operadores relacionais. Os operandos podem ser consoantes e/ou variáveis.

Exemplo:

(a > b)   x ==y   a ! = 100

    idade < 18 anos

Avaliação da Expressão Relacional: Na avaliação de uma expressão relacional, os quatro primeiros operadores (no quadro 4) têm a primeira prioridade e os outros dois a segunda prioridade.

Exemplo: Suponhamos que a, b e c são três variáveis de tipo inteiro, com valores 2, 3 e 1, respectivamente. Então:

- a > b

A expressão acima é FALSO, 2 não é superior a 3.

* $(a + b) < c$

  A expressão acima é FALSA, uma vez que a + b = 2 + 3 = 5 não é inferior a 1.

* b > c

  A expressão acima é VERDADEIRA, 3 é superior a 1.

Considere os seguintes programas para ilustrar o conceito de operadores relacionais:

1) Igualdade de dois números:

```
#include< stdio.h>
principal ( )
{
        int x = 2, y = 2;
        se (x === y)
                printf ( " x e y são iguais ");
}
```

Produção:

x e y são iguais

2) Operador de desigualdade:

```
#include< stdio.h>
principal ( )
{
        int x = 12, y = 6;
        se (x > y)
                printf ( " x é maior que y ");
}
```

Produção:

x é superior a y

Operadores lógicos:

Esta classe de operadores C é utilizada para a tomada de decisões. Existem três operadores deste tipo, ou seja, AND, OR e NOT. AND e OR são operadores binários; embora NOT seja um operador unário. O resultado destes operadores ou é VERDADEIRO ou FALSO. A tabela 12.5 representa os operadores lógicos com a sua precedência e associatividade.

Operador	Significado	Precedência	Associatividade
&&	Lógico E	2	Esquerda para a direita
||	Lógico OU	3	Esquerda para a

			direita
!	NÃO Lógico	1	Esquerda para a direita

Quadro 12.5: Operadores lógicos

O operador *lógico AND* é utilizado para realizar operações ANDing em dois operandos lógicos. É equivalente a operações de multiplicação. O resultado de AND lógico é VERDADEIRO quando ambos os operandos lógicos são VERDADEIROS (T), caso contrário o resultado é FALSO (F). O resultado do AND lógico é apresentado no quadro 12.6.

Operando 1	Operando 2	Operando 1 & Operando 2
F	F	F
F	T	F
T	F	F
T	T	T

Quadro 12.6: Lógico E

O operador *lógico OR* é utilizado para realizar operações ORing em dois operandos lógicos. É equivalente a operações de adição. O resultado do OR lógico é FALSO quando ambos os operandos lógicos são FALSO (F), caso contrário o resultado é VERDADEIRO (T). O resultado do OR lógico é apresentado no quadro 12.7.

Operando 1	Operando 2	Operand 1 || Operand 2
F	F	F
F	T	T
T	F	T
T	T	T

Quadro 12.7: Lógico OU

O NOT lógico é utilizado para obter o complemento lógico do operando. O resultado do NÃO lógico é VERDADEIRO quando o operando é FALSO e vice-versa. O resultado do NOT lógico é apresentado no quadro 12.8.

Operand	! Operand
F	T
T	F

Expressões Lógicas: A expressão que envolve operadores lógicos é conhecida como expressões lógicas. O resultado da expressão lógica ou é VERDADEIRO ou FALSO.

Avaliação de Expressões Lógicas: Se a expressão envolver operações AND, OR e NOT, então a expressão que envolve NOT deve ser avaliada primeiro, então a expressão com AND e, finalmente, a expressão com OR deve ser avaliada.

Exemplo: Suponha que a, b e c são três variáveis de tipo inteiro, com valores 2, 4 e 3, respectivamente, e deixe a expressão lógica ser:

a && b || c && (! b) $\qquad$ = 2 && 4 || 3 && (! 4)

$\qquad\qquad$ = 2 && 4 || 3 && 0

$\qquad\qquad$ = 1 ||3 && 0

$\qquad\qquad$ = 1 || 0

$\qquad\qquad$ = 1

Considere os seguintes programas para ilustrar o conceito de operadores lógicos:

```
#include< stdio.h>
principal ( )
{
      int a, b, c;
      a = 4,  b = 3;
      c = a && b;
      b = a ||| b ||| c;
      a = a && b || c
      printf ("%d          %d%d      ", a, b, c);
}
```

Produção:

$\qquad$ **111**

<u>Operadores Bitwise:</u>

Todos os itens de dados são armazenados na memória do computador como uma sequência de bits (0's e 1's), e algumas aplicações necessitam da manipulação desses bits. A manipulação de bits individuais é feita em linguagem de máquina ou de montagem. Para realizar, as operações em bits, C fornece seis operadores. Estes operadores trabalham com dados do tipo *int* e *char*. Não podem ser utilizados com números de ponto flutuante. O quadro 12.9 mostra o operador bitwise e o seu significado.

Operadores	Símbolo Nome	Significado

&	Ampersand	Bitwise AND
|	Oleoduto	Bitwise OU
^	Carro	Exclusive-OR (XOR)
~	Tilde	1's Complementar
<<	O dobro menos do que	Deslocamento à esquerda de bits
>>	O dobro do valor de	Deslocamento correcto dos bits

<u>Quadro 12.9: Operadores Bitwise</u>

Bitwise AND, OR, XOR são operadores binários e produzem um resultado em função da comparação dos bits correspondentes no alcance dos operandos.

O resultado do *bitwise AND* é 1, quando ambos os bits são 1. Caso contrário, é 0.

O resultado do *bitwise OR* é 1, se qualquer um dos bits for 1, caso contrário é 0.

O resultado do *XOR bitwise* é 1, se os bits forem diferentes (1 e 0). Caso contrário, é 0.

O operador do *complemento bitwise* é um operador unário que inverte o estado de cada bit dentro de um número inteiro ou carácter.

O operador do *turno da esquerda* desloca o operador para a esquerda e o operador do *turno da direita* desloca o operador para a direita.

Por exemplo:

int a = 4, b = 3;

Para um computador de 8 bits, o valor binário equivalente de **4 = 0000 0100** e **3 = 0000 0011**.

O resultado de bitwise AND de **a** e **b** será

    a=0000   0100
    b=0000   0011
    a & b=0000 0000

O resultado de bitwise OR de **a** e **b** será

    a=0000   0100
    b=0000   0011
    a | b=0000   0111

O resultado do bitwise XOR de **a** e **b** será

    a=0000   0100
    b=0000   0011
    a ^ b=0000 0111

O resultado do complemento bitwise de **um**, se **a = 10**, valor binário equivalente a **10 = 1010**

$$b = \sim\sim a$$
$$= \sim (1010)$$
$$= \mathbf{0101}$$

Os operadores do turno da esquerda e da direita alteram o conteúdo de um número de entrada. A regra geral para o deslocamento bitwise é:

<variável>> operador de turnos> <nob>;

Quando a **variável** é um elemento de dados inteiro ou de carácter, o **operador de turno** é um operador de turno à esquerda ou à direita e **nobre** é o número de bits a deslocar.

Exemplo:

i) **a >> 1**

Antes de deslocar os bits

1	0	0	0	0	1	0	0

Após o deslocamento de bits

0	0	0	0	1	0	0	0

ii) a << 2

Antes de deslocar os bits

1	0	0	0	0	1	0	0

Após o deslocamento de bits

0	1	0	0	0	0	1	0

Considere os seguintes programas para ilustrar o conceito de operadores lógicos:

```
#include< stdio.h>
principal ( )
{
        não assinado int x, y;
        x = 128,      y = 32;
        x = x >> 1;
        printf ("After Right-Shifting by 1, x = %d \n ," , x);
        y = y < << 2;
        printf ("After Left-Shifting by 2, y = %d \n ," , y);
}
```

Produção:

Após o Right-Shifting por 1, x = 64

Após a Deslocação à Esquerda por 2, y = 128

<u>**Operadores Ternários:**</u>

O operador ternário é um operador condicional em C. Existe apenas um operador desse tipo em C. São necessários três operandos. O símbolo "**?**" é utilizado como operador ternário em C. A forma geral da expressão ternária é:

    <expressão> ? <valor 1> : <valor 2>

Onde, **Expressão** : Expressão relacional

    Valor 1   : Valor a atribuir sobre o verdadeiro

    Valor 2   : Valor a atribuir quando o resultado da expressão é falso

Exemplo: **c = a < b ? a : b;**

Aqui **c** será atribuído o valor **a**, se **a** for inferior a **b**. Caso contrário, será atribuído o valor de **b**.

Considere os seguintes programas para ilustrar o conceito de operações ternárias:

```
#include< stdio.h>
principal ( )
{
        int a = 4, b = 5, resultado1, resultado2;
        resultado1 = a > b ? a : b;
        resultado2 = a < b ? a : b;
        printf ("O resultado1 = %d \n ", resultado1);
        printf ("O resultado2 = %d \n ", resultado2);
}
```

Produção:

```
O resultado1 = 5
        O resultado2 = 4
```

Operadores Especiais da C:

C também apoia alguns operadores especiais como, por exemplo

- Operador por vírgula
- Tamanho de()
- Endereço do operador
- Operador de desreferenciação
- Operador de ponto
- Operador de setas

Operador por vírgula: O operador de vírgula está basicamente associado à declaração. É também utilizado para ligar duas ou mais expressões relacionadas entre si. Neste caso, as expressões são avaliadas da esquerda para a direita. E, podemos obter o valor da expressão a partir do valor da expressão mais à direita.

Exemplo: Soma = (a = 12, b = 22, a + b);

Aqui, há três expressões, a = 12, b = 22 e a + b

O valor da expressão mais à direita (ou seja, a + b = 12 + 22 = 33) é fixado na soma.

Considere os seguintes programas para ilustrar o uso de vírgulas no intercâmbio dos valores de duas variáveis:

```c
#include< stdio.h>
principal ( )
{
        int a, b, temp;
        b = (a = 20, a + 10);
        printf ("a = %d e b = %d (antes do intercâmbio)\n ", a, b);
        temp = a, a = b, b = temp;
        printf ("a = %d e b = %d (após intercâmbio)\n ", a, b);
}
```

Produção:

a = 20 e b = 30 (antes do intercâmbio)

a = 30 e b = 20 (após intercâmbio)

Tamanho de( ) Operador: A dimensão de( ) operador devolve a dimensão (ou seja, o número de bytes) do operando. Deve ser escrito em letras minúsculas. Deve preceder o seu operando. O operando pode ser uma constante, uma variável ou um tipo de dado. É normalmente utilizado para determinar a dimensão das arrays e estruturas. É também utilizado para alocação dinâmica de memória. A sintaxe para a dimensão do operador( ) é a seguinte:

tamanho do (operando);

Exemplo: x = tamanho de (int);

            y = tamanho de (soma);

Considere os seguintes programas para ilustrar a utilização do tamanho do ( ) operador:

```c
#include< stdio.h>
principal ( )
{
        int a;
        flutuador b;
        a = 10;
        y = 100.00
        printf ("tamanho de a = %d \n ", tamanho de (a)));
        printf ("tamanho de b = %d \n", tamanho de (b));
        printf ("size of ch = %d \n ", sizeof (ch));
        printf ("size of double = %d \n ", sizeof (double));
}
```

Produção:

tamanho de a = 2

tamanho de b = 4

tamanho do ch = 1

tamanho do dobro = 8

Precedência e associatividade de todos os operadores C:

O quadro 12.10 dá a primazia e a associatividade de todos os operadores C.

Categoria do operador	Operadores	Precedência	Associatividade
Parênteses, aparelho ortodôntico	( ), { }	1	Esquerda para a direita
Operadores unários	+, –, ++, – –, !, ~, &	2	Da direita para a esquerda
Operadores multiplicativos	*, /, %	3	Esquerda para a direita
Operadores aditivos	+, –	4	Esquerda para a direita
Operadores de turnos	<<, >>	5	Esquerda para a direita
Operadores relacionais	<, <=, >, >=	6	Esquerda para a direita
Operadores da igualdade	= =, !=	7	Esquerda para a direita
Operadores Bitwise	&, ^, |	8	Esquerda para a direita
Operadores lógicos	&&, ||	9	Esquerda para a direita
Operadores condicionais	?, :	10	Da direita para a esquerda
Operadores de afectação	=, +=, –=, *=, /=, %=, &=, ^=, !=, <<=, >>=	11	Da direita para a esquerda
Operador por vírgula	,	12	Esquerda para a direita

Quadro12.10: Precedência e associatividade dos operadores C

<u>**Operador de Shorthand Assignment:**</u>

C fornece uma forma compacta de escrever as declarações de missão numa expressão. Isto está basicamente associado a todos os operadores aritméticos e operadores bitwise. Os operadores de taquigrafia são fáceis de ler, escrever e compreender. A forma geral de uma atribuição de caracteres curtos em C é a seguinte:

operador variável = expressão ;

Onde, **variável** = é uma variável

operador = um operador aritmético ou bitwise

expressão = é uma expressão

O quadro 12.11 apresenta os operadores de atribuições de curto prazo.

Operadores	Atribuições	Atribuição de curto e médio prazo
+	a = a + b	a + = b;
−	a = a - b	a - = b;
*	a = a * b	a * = b;
/	a = a / b	a / = b;
%	a = a % b	a % = b;
&	a = a & b	a & = b;
|	a = a | b	a | = b;
^	a = a ^ b	a ^ = b;
<<	a = a << b	a << = b;
>>	a = a >> b	a >> = b;

<u>**Quadro 12.11: Operadores de Shorthand Assignment**</u>

Considere os seguintes programas para ilustrar a representação compacta de operações aritméticas:

```
#include< stdio.h>
principal ( )
{
        int x = 3, y = 4, z = 1;
        x + = y;
        y - = x;
        z * = x;
        printf ("%d \n ", x);
        printf ("%d \n ", y);
```

        printf ("%d \n ", z);

  }

Produção:

    7

    –1

    5

<u>Conversão do tipo de dados</u>:

Em algumas aplicações, podemos muitas vezes querer alterar o tipo de dados da variável. Quando declaramos alguma variável como *int*, a saída desejada pode ser *float* ou vice-versa. Nessas situações, alteramos a natureza dos dados armazenados na variável. Este processo é conhecido como *conversão do tipo de dados*. Também é chamado de *type casting*. A forma geral do tipo de fundição é:

    (datatype) variável;

Onde, **datatype** é qualquer datatype básico e deve ser escrito dentro do parêntese.

Exemplo:

    int a = 2,

   prazo de   flutuação;

    termo = 1 / k;

Aqui o conteúdo será

    prazo = 1 / k

        = 1 / 2

        = 0 (resultado da divisão por números inteiros)

Dado que o **termo** é do tipo float, o valor **0,0** será atribuído ao **termo**. Mas, na realidade, o valor de **1/2** é **0,5**, o que não é obtido no caso acima. Portanto, para ter o valor do **termo = 0,5** é necessária a conversão do tipo de dados. Isto pode ser conseguido através da reescrita do **termo = 1/k;** como

    termo = 1 / (float) k;

<u>Funções Matemáticas:</u>

C fornece um grande número de funções de biblioteca que realizam operações específicas. As funções matemáticas estão também incluídas entre estas funções da biblioteca.

As funções matemáticas C são definidas no ficheiro de cabeçalho < **matemática.h>.** Este ficheiro deve ser incluído se estivermos a utilizar uma função matemática num programa. Caso contrário, o programa irá resultar numa resposta indesejada.

Considere os seguintes programas para ilustrar o uso das funções sqrt( ), sin ( ), cos ( ) e tan ( ):

```c
#include< stdio.h>
#include< math.h>
principal ( )
{
        float x, y, sq, sinx, cosx, tanx;
        x = 4.0;
        y = 30.0;
        sq = sqrt(x);
        y = 30 * (3.142 / 180.0)            /*converter para radianos*/
        sinx = sin(y);
        cosx = cos(y);
        tanx = tan(y);
        printf ("Raiz quadrada de x = %f \n ", sq);
        printf ("Sine value of y = %f \n ", sinx);
        printf ("Cosine value of y = %f \n ", cosx);
        printf ("Tangent value of y = %f \n ", tanx);
}
```

Produção:

Raiz quadrada de x = 2,000000
Valor sinusoidal de y = 0,500059
Valor cosseno de y = 0,865991
Valor tangente de y = 0,577441

PONTOS A LEMBRAR

1. C é a linguagem de uso geral que tem sido estreitamente associada ao sistema operacional UNIX para o qual foi desenvolvido.
2. C foi desenvolvido por Dennis Ritchie em 1972, no Bell Labs.
3. C é uma linguagem de programação estruturada.
4. Os componentes básicos do programa C são: função principal( ), par de chaves de frisar {, }, declarações e afirmações e funções definidas pelo utilizador.
5. O ambiente onde se encontra o compilador, o editor, as ferramentas de depuração, as instalações de ligação, as ferramentas de rastreio e teste chama-se *Ambiente Integrado de Desenvolvimento (IDE)*.
6. As unidades básicas e as mais pequenas de um programa em C são chamadas Tokens C.

7. Todas as palavras-chave, também conhecidas como palavras de reserva, são basicamente a sequência de caracteres que têm um ou mais significados fixos, que não podem ser alterados. Há 32 palavras-chave presentes em C.

8. Os identificadores são os nomes dados aos elementos do programa, tais como variáveis, matrizes e funções.

9. A quantidade que não se altera durante a execução do programa é conhecida como *constante*.

10. Uma constante inteira é um número inteiro. É uma sequência de dígitos sem um ponto decimal. Uma constante flutuante é um número com uma vírgula decimal. É definida como uma sequência de dígitos precedida e seguida da vírgula decimal.

11. Uma constante de caracteres é um único carácter fechado dentro de um único par de aspas. Uma constante de caracteres é uma sequência de caracteres encerrada dentro de um par de aspas duplas.

12. A quantidade que muda durante a execução de um programa é chamada *variável*

13. O tipo de dados indica o tipo de dados que a variável pode armazenar.

14. O tipo de dados inteiros permite que uma variável armazene valores numéricos. O tipo de dados flutuantes permite que uma variável armazene valores decimais. O tipo de dados de caracteres permite que uma variável armazene apenas um carácter. Os modificadores são prefixados com tipos de dados básicos para modificar (aumentar ou diminuir) a quantidade de espaço de armazenamento atribuído a uma variável.

15. A classe de armazenagem determina o seguinte sobre a variável declarada: espaço de armazenagem, âmbito, duração e valor inicial da variável.

16. Os operadores actuam como conectores e indicam que tipo de operações estão a ser realizadas.

17. Um operador que actua apenas sobre um operando é conhecido como *operador unário*.

18. Os operadores aritméticos são utilizados para realizar operações aritméticas básicas, como adição, subtracção, multiplicação e divisão. Uma expressão que envolve operadores aritméticos é designada por *expressões aritméticas*.

19. O operador de incrementos é utilizado para aumentar o valor de uma quantidade inteira em um. O operador de redução é utilizado para diminuir o valor de uma quantidade inteira em um.

20. Os operadores relacionais são utilizados para comparar dois operandos. Uma expressão relacional é definida como a combinação significativa de operandos e operadores relacionais.

21. Os operadores lógicos são utilizados para a tomada de decisões.

22. As funções matemáticas C são definidas no ficheiro de cabeçalho < matemática.h>. Este ficheiro deve ser incluído se estivermos a utilizar uma função matemática num programa.

PERGUNTAS:

1- Como se deriva o nome C?
2- Quem desenvolveu as linguagens de programação BCPL e B?
3- Quais são as características silenciosas da linguagem C?
4- Mencionar as áreas de aplicação da língua C.
5- Explique as etapas envolvidas na compilação e execução de um programa em C no DOS.
6- Escreva um programa em C para imprimir o seu nome no ecrã do computador.
7- Como se executa um programa em C em ambiente UNIX?
8- O que são as fichas C?
9- Distinguir entre as palavras-chave e os identificadores.
10- O que é o tipo de dados? Explique quatro tipos de dados de base em C.
11-Diferencie entre constante de corda e constantes de caracteres.
12- Qual é a gama de int, float e character para um computador de 16 bits?
13- Como classifica os operadores C?
14- Definir: a) Prioridade   b) Associatividade
15- O que são os operadores bitwise? Explique com exemplo.
16- Qual é a necessidade de conversão do tipo? Explicar com exemplo.
17- Distinguir entre os seguintes:
   a. Operadores Relacionais e Operadores Lógicos
   b. ++x e x+++
   c. (a && b) e (a & b)
   d. << e >>
   e. Lógico E e Lógico OU

CAPÍTULO - 13

INTRODUÇÃO À LÍNGUA "C" - II

13.1 <u>OPERAÇÕES DE ENTRADA E SAÍDA</u>:

Cada computador toma alguns dados como entrada e imprime alguns dados processados como saída. Os dados podem ser fornecidos às variáveis do programa de duas maneiras:

- **Método não-interactivo:** Neste método, atribuímos valores às variáveis.
- **Método Interactivo:** Neste método, os dados são fornecidos pela utilização através do dispositivo de entrada normalizado.

Isto é efectivamente realizado através de uma declaração de entrada do programa. Em C, uma instrução de entrada é uma função que permite a um programa receber dados do teclado. Do mesmo modo, quando os dados processados devem ser exibidos no monitor, é utilizada uma instrução de saída. Em C, a instrução de saída é também uma função que imprime os dados processados no monitor.

<u>Declarações de entradas-saídas</u>:

C é uma linguagem de programação funcional. Por conseguinte, não tem instruções integradas exclusivas para realizar operações básicas de entrada/saída. Para realizar estas operações de entrada-saída, C fornece uma biblioteca de funções. É designada pela biblioteca *stdio* (input-output padrão). O ficheiro de cabeçalho contendo essas funções é chamado stdio.h. Algumas das funções padrão de entradas-saídas utilizadas em C são as seguintes:

- printf ( )
- varredura ( )
- getchar ( )
- putchar ( )
- obtém ( )
- coloca ( )
- getch ( )
- getche ( )

Existem basicamente dois tipos de declarações de entradas-saídas (E/S). São as seguintes:

i)   Declarações formatadas de E/S
ii)   Declarações de E/S não-formatadas

As *declarações de E/S formatadas* permitem ao utilizador especificar o tipo de dados e a forma como estes devem ser lidos ou escritos. Por outro lado, as declarações de *E/S não formatadas* não especificam o tipo de dados e a forma como devem ser lidos ou redigidos. O quadro 13.1 mostra as declarações de E/S formatadas e não formatadas em C.

Tipos de declarações de E/S	Declarações de entrada	Declarações de saída
Formatado	scanf ( )	printf (
Não formatado	getchar ( )	putchar ( )
	obtém ( )	coloca ( )

<u>**Quadro 13.1: Tipos de declarações de E/S em C**</u>

<u>Declarações de entrada formatadas</u>:
Para ler os valores das variáveis de um programa a partir de um teclado, C fornece uma função chamada *scanf ( )*. É equivalente à instrução READ em FORTRAN ou PASCAL. Isto é usado para aceitar dados numéricos, caracteres ou tipo de string. Está incluído em *stdio.h*. A forma geral de scanf ( ) é a seguinte:

scanf (" <control string>", address_list);

Onde, **cadeia de controlo** é uma sequência de um ou mais grupos de caracteres. Cada grupo de caracteres é uma combinação do símbolo **%** e de um dos caracteres de conversão. A cadeia de caracteres de controlo especifica o tipo de valores que devem ser fornecidos à variável. **Address_list** é o endereço do local da memória onde o valor da variável de entrada deve ser armazenado.

As regras que regem a declaração scanf ( ) são as seguintes:
- A cadeia de controlo deve ser delimitada entre aspas duplas.
- Para cada variável de entrada deve haver um grupo de caracteres.
- Cada grupo de caracteres deve começar com o símbolo % e ser seguido por um carácter de conversão.
- Podem ser permitidos vários números de grupos de caracteres dentro da cadeia de controlo. Nesse caso, podem ser contínuos ou separados por espaços em branco ou vírgulas.
- A lista Address_list contém o endereço (localização na memória) das variáveis de entrada.
- Cada variável de entrada na lista de endereços deve ser precedida por **&** símbolo.
- Todas as variáveis da lista de endereços estão separadas por vírgula. Não utilize espaços em branco.

- A lista de endereços não está incluída entre aspas duplas.
- Os valores da lista de endereços devem ser mapeados em número, tipo e ordem da variável.
- Deve existir uma vírgula para separar a cadeia de controlo e a lista de endereços.

O quadro 13.2 ilustra diferentes grupos de caracteres e o seu significado associado à declaração scanf ( ).

Grupo de caracteres	Significado
%c	Ler um único carácter
%d	Ler um número inteiro decimal
%e	Ler um número de vírgula flutuante
%f	Ler um número de vírgula flutuante
%g	Ler um número de vírgula flutuante
%h	Leia um pequeno número int
%i	Ler um número decimal ou hexadecimal ou octal
%o	Ler um número octal
%p	Ler um apontador
%s	Ler um fio
%u	Ler um número inteiro não assinado
%x	Ler um número hexadecimal

Quadro 13.2: Grupos de caracteres e significado

Exemplo:

Para entrada de números inteiros **: scanf ("%d", &number);**

Para introdução de caracteres **: scanf ("%c", &símbolo);**

Para entrada de cordas **: scanf ("%s", &name);**

Para a entrada do flutuador **: scanf ("%f", &average);**

Para entrada em modo misto **: scanf ("%d %s %c %f ", & roll_no, &name, &sex, &percent);**

Declarações de saída formatadas:

C fornece a função *printf ( )* para exibir os dados no monitor. A função printf ( ) está incluída no ficheiro de cabeçalho denominado *stdio.h*. É semelhante à declaração PRINT ou WRITE na linguagem de programação FORTRAN. A forma geral da declaração printf ( ) é:

        printf (" control string ", var_list);

Onde, a **cadeia de controlo** especifica o tipo e o formato dos valores a exibir. **Var_list** é uma lista de variáveis a serem exibidas.

Exemplo:
- Esta declaração mostra a sequência de caracteres incluída nas aspas duplas.
- **printf ("%d", número);** - Esta indicação indica o valor armazenado em *número* variável.
- **impressão ("%f, %f", x, y);** - Esta indicação indica o valor armazenado nas variáveis *x* e *y*.
- Esta indicação mostra o total de marcas armazenadas em *marcas* variáveis após a indicação **Total de marcas = .**

Declarações de entradas não-formatadas:

Estes elementos dizem principalmente respeito à leitura dos dados dos tipos de caracteres a partir do teclado. As funções *getchar( )* e *get( )* são utilizadas para este fim. Elas estão incluídas no arquivo de cabeçalho *stdio.h*.

getchar( ) funciona: Esta função lê o caracter único a partir do dispositivo de entrada padrão. Não existe nenhum parâmetro dentro dos parênteses. A sintaxe para esta função é:

        char_var = getchar( );

Em que **char_var** é uma variável de tipo caractere à qual é atribuído um carácter aceite.

Exemplo:

```
principal ( )
{
carta de     caridade;
     carta = getchar ( );
}
```

gets( ) funciona: Esta função lê em tudo o que entramos do teclado até que a tecla ENTER ou RETURN seja pressionada. Supera a limitação do scanf ( ) com a opção %s (string). A sintaxe para get ( ) é:

        recebe (string);

Onde, **string** é a sequência de caracteres e é do tipo *char*.

Exemplo:

```
principal ( )
{
nome do     personagem[25];
     printf ( Insira o nome : ");
     gets(name);
```

}

<u>Declarações de saída não-formatadas</u>:
Estas declarações referem-se principalmente à visualização ou impressão dos dados de tipo de caracteres no monitor. As funções *putchar( )* e *puts( )* são utilizadas para o efeito. Estas funções são incluídas a partir do ficheiro de cabeçalho *stdio.h*.

<u>putchar( )</u>: Esta função imprime o caracter único no ecrã. O caracter a ser exibido é do tipo *char*. A sintaxe do putchar é a seguinte:
> **putchar (ch_var);**

Onde, ch_var é a variável de carácter que se encontra entre parênteses.
Exemplo:

```
principal ( )
{
        char ch;
        putchar (ch);
}
```

<u>puts( )funciona</u>: Esta função imprime uma sequência de caracteres no ecrã. O novo caractere de linha que sinalizou o fim da string não será exibido. a sintaxe para a função puts( ) é:
> **coloca (string);**

Onde, **string** é uma sequência de caracteres.
Exemplo:

```
principal ( )
{
mensagem de       char [20];
        puts(mensagem);
}
```

Considere o programa apresentado abaixo, que aceita três números e calcula a sua soma e média:

```
#incluir < stdio.h>
principal ( )
{
        int num1, num2, num3, soma;
média das   flutuações;
        printf ("ENTRAR TRÊS NÚMEROS: \n");
```

```
scanf ("%d, %d, %d", &num1, &num2, &num3);
soma = num1 + num2 + num3;
média = soma / 3;
printf( ""Soma = %d\n e Média = %f ", soma, média);
}
```
Produção:

INTRODUZIR TRÊS NÚMEROS:
102030
Soma = 60
Média = 20,000000

13.2 EXECUÇÃO CONDICIONAL DO PROGRAMA:

É uma instrução para o computador para realizar uma operação específica. Pode ser uma declaração, uma acção de input-output. Operação aritmética e lógica, atribuições ou pode ser uma declaração de controlo.

Normalmente, as declarações em um programa executado na ordem em que aparecem no programa. Este tipo de execução é chamado execução sequencial. Mas, na maioria dos programas, é necessário

- Seleccione um conjunto de declarações de entre várias alternativas.
- Saltar certas declarações dependendo de algumas condições do programa e continuar a execução a partir de algum outro ponto.
- Repetir o conjunto de declarações conhecido número de vezes ou até que uma condição específica seja cumprida.

Nessas situações, recorremos a declarações de controlo. São geralmente designadas por estruturas de controlo. Elas definem a ordem de execução das declarações em um programa.

Declarações de Controlo Condicional:

Em algumas situações, é necessário verificar a condição para tomar a decisão. Isto implica a realização de um teste lógico. Este teste resulta num teste verdadeiro ou falso. Dependendo da veracidade ou falsidade da condição, a declaração a executar é determinada. Depois disso, a transferência de controlo para a declaração no programa e começa a executar as declarações a partir desse ponto. Isto é conhecido como execução condicional. A execução condicional envolve tanto a tomada de decisões como a ramificação.

C fornece uma variedade de declarações de controlo condicional, tais como:

- se - declaração
- se - outra declaração
- aninhado - se - declaração

- declaração de mudança

se - Declaração:

É utilizado para executar uma declaração ou um conjunto de declarações de forma condicional. É também designada por ramificação unidireccional. Aqui, a condição lógica é testada, o que resulta num verdadeiro ou num falso. Se o resultado do teste lógico for verdadeiro (valor não nulo), então a expressão que se segue imediatamente se for executada. Se a condição lógica for falsa, então o controlo transfere para a próxima instrução executável que se segue imediatamente à instrução *se*. A condição pode ser uma expressão que contenha constantes, variáveis ou comparações lógicas. A condição deve ser escrita dentro do parêntese. A sintaxe da expressão *"se"* é:

se (condição)
{
    declaração;
}

Quando **a condição** é uma expressão lógica que resulta em verdadeiro ou falso e a **declaração** é uma declaração simples ou composta. A expressão simples é uma expressão simples e a expressão composta é a recolha de duas ou mais expressões. Para uma afirmação simples não é necessário utilizar qualquer tipo de aparelho.

Fluxograma para *se a* declaração for dada abaixo.

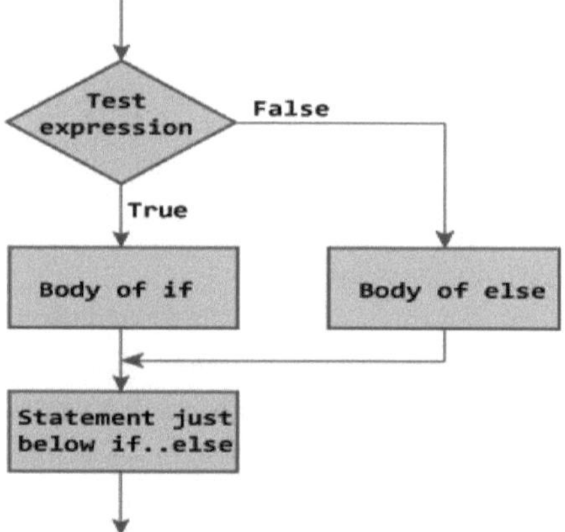

Figura 13.1: Fluxograma para a declaração de *se*

Considere o programa apresentado abaixo, que aceita número e imprima se for um número ímpar:

#incluir < stdio.h>
principal ( )

```
{
        int num;
        printf ("ENTER THE NUMBERS: \n");
        scanf ("%d", &num);
        se ((num % 2) ! = 0)
        {
                printf ("%d, é um número ODD", num);
        }
}
```
Produção:

INTRODUZIR O NÚMERO:

11

 11, é um número de ODD

se - caso contrário Declaração:

A *if-statement* é utilizada para executar apenas uma acção. Se houver duas declarações a serem executadas em alternativa, então se - outra declaração for utilizada. A declaração if-else é uma ramificação de duas vias. A sintaxe da instrução if - else statement is:

```
se (condição)
{
        declaração1;
}
senão
{
        Declaração2;
}
```

A condição é testada e, se o resultado deste teste lógico for verdadeiro, então a afirmação1 é executada. Caso contrário, a expressão2 é executada. Após executar uma destas duas expressões, o controlo transfere para a expressão imediatamente a seguir à estrutura if - else. Aqui, o comando1 e o comando2 podem ser um comando simples ou composto. O fluxograma para o comando if - else statement é apresentado abaixo.

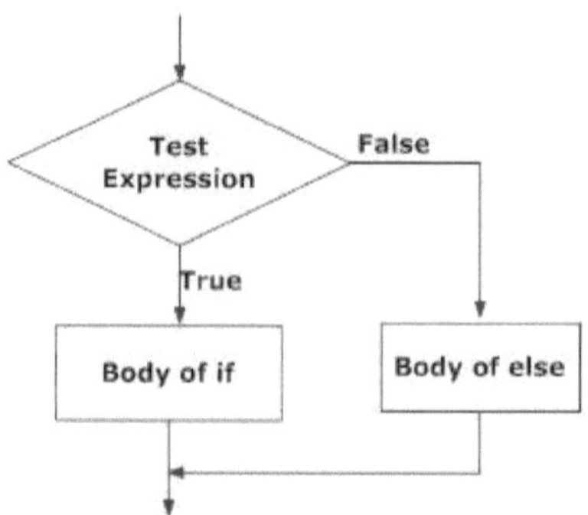

Figura 13.2: Fluxograma da declaração de se - elses

Considere o programa a seguir apresentado, que aceita dois números e verifica se estes são iguais ou não:

```
#incluir < stdio.h>
principal ( )
{
        int num1, num2;
        printf ("ENTER THE NUMBERS: \n");
        scanf ("%d %d ", &num1, num2);
        se (num1 == num2)
        {
            printf ("BOTH NUMBERS ARE EQUAL");
        }
        senão
        {
            printf ("UNS NÚMEROS MUITOS NÃO SÃO
IGUAL");
        }
    }
```

Produção:

```
        INTRODUZA OS NÚMEROS:
        13
        13
         AMBOS OS NÚMEROS SÃO IGUAIS
```

Aninhado se Declaração:

Se houver mais de duas alternativas a seleccionar, então são utilizadas as if-statements aninhadas. *Se* com outra *se* for chamada *"aninhada se declaração"*. A sintaxe para "aninhado se" é dada abaixo:

```
se (condição1)
{
        se (condição2)
        {
                declaração1;
        }
        senão
        {
                declaração2;
        }
}
senão se (condição3)
{
        declaração3;
}
senão
{
        Declaração4;
}
```

Fluxograma para aninhamento, se a declaração for dada abaixo:

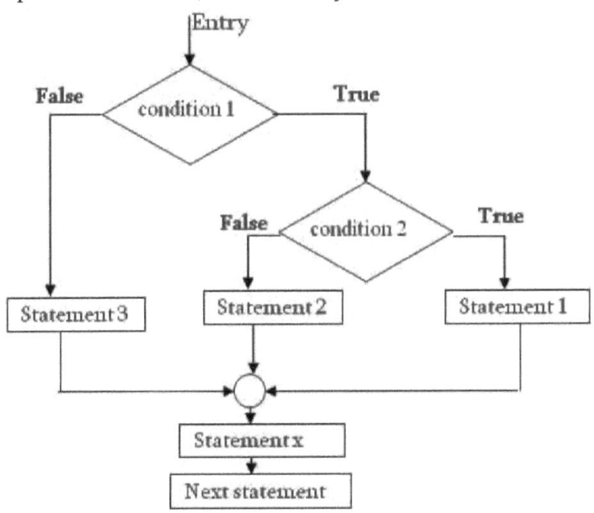

Figura 13.3: Fluxograma para aninhamento se declaração

Considere o programa apresentado abaixo, que aceita três números e imprime o maior entre eles:

```
#incluir < stdio.h>
principal ( )
{
        int n1, n2, n3;
        printf ("ENTER THE NUMBERS: \n");
        scanf (" %d %d %d %d ", &n1, n2, n3);
        se (n1 > n2)
        {
                se (n1 > n3)
                        printf ("N1 É O MAIOR");
                senão
                        printf ("N3 É O MAIOR");
        }
        senão se (n2 > n3)
                        printf ("N2 É O MAIOR");
        senão
                        printf ("N3 É O MAIOR");
}
```

Produção:

```
INTRODUZIR TRÊS NÚMEROS:
13
14
15
 N3 É MAIOR
```

Declaração Switch-Case:

A declaração em caso de mudança é uma declaração de selecção de múltiplos ramos, que testa sucessivamente o valor de uma expressão contra uma lista de números inteiros e constantes. Uma declaração de comutação permite-nos escolher um bloco de declaração entre várias alternativas. A sintaxe geral da instrução de comutação é apresentada a seguir:

```
mudar (expressão)
{
        valor da caixa 1:
                declaração;
```

            declaração;
    pausa;
    valor da caixa 2:
            declaração;
            declaração;
    pausa;

    _ _ _ _ _ _ _ _ _ _ _ _ _ _ _
    _ _ _ _ _ _ _ _ _ _ _ _ _ _
    _ _ _ _ _ _ _ _ _ _ _ _ _ _
    valor da caixa, n:
            declaração;
            declaração;
    pausa;
    por defeito:
            declaração;
            declaração;
}

A **expressão** após a _mudança de_ palavra-chave é uma expressão de valor inteiro. Assim, as constantes na instrução do caso podem ser apenas caracteres ou números inteiros, o valor da expressão é testado em relação ao valor das constantes especificadas na instrução do caso. Sempre que ocorra uma correspondência, o controlo é transferido para a **instrução** desse caso. O controlo ficará dentro desse caso até que a declaração de _quebra_ ou o final da declaração de comutação seja alcançado. Pode existir um bloco **predefinido** constituído por um grupo de declarações que só será executado se não for encontrada uma concordância. O bloco predefinido é opcional na declaração de comutação e, se não estiver presente e se todos os jogos falharem, não se realiza qualquer acção.

A constante após o _caso da_ palavra-chave é seguida por dois pontos. A indicação do interruptor encerra uma série de casos dentro da abertura e das correspondentes chaves de caracóis.

A declaração de **interrupção**, quando encontrada no final de cada declaração de caso, faz com que o controlo da execução termine e transfere o controlo para a declaração seguinte, após o fecho da declaração de interrupção. Se não existir uma declaração de interrupção no final de uma determinada sequência de declarações para uma determinada etiqueta do caso, então a declaração pertencente ao caso seguinte é executada. O comando de comutação é frequentemente utilizado para processar comandos de palavras-chave, como a selecção de menus.

Apresenta-se a seguir o fluxograma para a declaração do caso do interruptor:

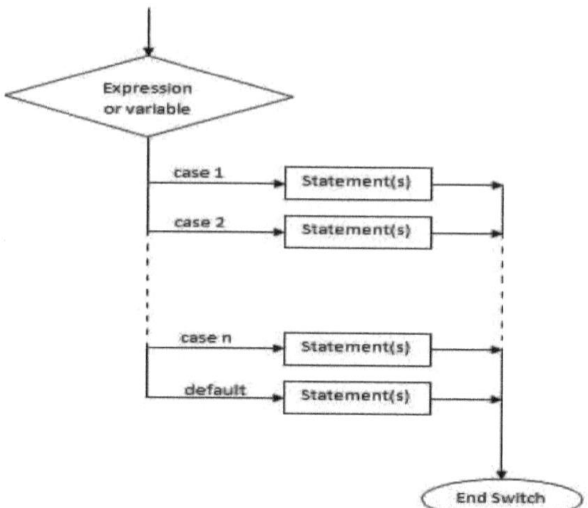

Figura 13.3: Fluxograma da indicação da caixa do interruptor

Considere que o programa que ilustra a declaração de comutação para computação são de diferentes figuras geométricas, tais como círculo, quadrado, triângulo, etc.:

#incluir < stdio.h>
principal ( )
{
      int fig_code;
      lado do flutuador, base, comprimento, respiração, altura, área,
raio;
      printf ("1. CÍRCULO \n");
      printf ("2. RRECTANGLE \n");
      printf ("3. TRIANGLE\n");
      printf ("4. SQUARE \n");
      printf ("Insira o código da figura: ");
      scanf (" %d", & fig_código);
      interruptor (fig_código)
      {
      caso 1:   **printf (Enter Radius\n");**
      scanf (" %f", &radius);
      área = 3.142 * raio * raio;
      printf ("ÁREA DE CÍRCULO = %f", área);
      pausa;

```c
            caso 2:          printf        (Introduzir      largura      e
comprimento\n" );
                scanf ("%f, %f", &breadth, & lenght);
                área = comprimento * largura;
                printf ("ÁREA DE RECTÂNGULO = %f", área);
                pausa;
            caso 3:          printf (Introduzir base e altura\n" );
                scanf ("%f, %f", &base, &height);
                área = 0,5 * base * altura;
                printf ("ÁREA DE TRIÂNGULO = %f", área);
                pausa;
            caso 4:          printf (Entre na lateral\n" );
                scanf ("%f", &side);
                área = lado * lado;
                printf ("AREA OF SQUARE = %f", área);
                pausa;
        por defeito: printf ("ERROR IN FIGURE CODE \n");
                pausa;
        }/*     Fim do interruptor */
    }           /* Fim do principal ( ) */
```

Produção: **(EXECUÇÃO 1)**

1. CÍRCULO

2. RECTÂNGULO

3. TRIÂNGULO

4. SQUARE

Introduza o código da figura:

4

Entre na lateral

3.0

ÁREA DO QUADRADO = 9,000000

(EXECUÇÃO 2)

1. CÍRCULO

2. RECTÂNGULO

3. TRIÂNGULO

4. SQUARE

Introduza o código da figura:

12

ERRO NO CÓDIGO DA FIGURA

Até agora, discutimos os diferentes tipos de declarações de controlo da tomada de decisões que controlam o fluxo da execução das declarações. Tal como outras línguas, C apoia uma declaração de controlo incondicional, *goto*, para transferir o controlo de um para outro num programa C. O goto é uma declaração de ramificação e requer uma etiqueta. A sintaxe da indicação "goto" é apresentada como:

goto label1;

Onde, **goto** é uma palavra-chave e **etiqueta1** é uma constante simbólica escrita em maiúsculas ou minúsculas.

A etiqueta pode ser colocada em qualquer parte de um programa C, antes ou depois da declaração de goto. Por exemplo, considere os dois segmentos de programa seguintes

a) Segmento do programa 1:

ir para o FIM;

....

....

FIM:

....

b) Segmento do programa 2:

INICIAR:

....

....

ir para START;

....

No segmento de programa 1, a etiqueta **FIM é** colocada após a **opção FIM;** declaração. Aqui, a indicação imediatamente seguida da goto será saltada, uma vez que o controlo salta para a etiqueta END: Este tipo de salto é conhecido como *salto para a frente*. Mas, no segmento 2 do programa, a etiqueta START é colocada antes da indicação de goto. Este tipo de salto é conhecido como *salto para trás*.

Considere o seguinte programa que ilustra a declaração goto a goto:

```
#include< stdio.h>
principal ( )
{
        int num = 1, soma = 0;
```

> **BEGIN: soma = soma + número;**
> **num+ = num;**
> **ir para BEGIN;**
> **printf (" SUM = %d", soma);**
>   **}**

Produção:

Nada será exibido no ecrã do monitor quando acima for executado, porque o compilador entrará em loop infinito.

13.3 <u>LOOPS DE PROGRAMA E ITERAÇÃO</u>:

O looping é uma poderosa técnica de programação através da qual um grupo de declarações é executado repetidamente, até que certas condições especificadas sejam satisfeitas. O looping é também chamado de mecanismo de controlo repetitivo ou iterativo.

Um laço é um programa composto essencialmente por duas partes, uma é chamada o *corpo do laço* e a outra é conhecida como *declaração de controlo*. As instruções de controlo realizam um teste lógico cujo resultado é ou verdadeiro ou falso. Se o resultado deste teste lógico for verdadeiro, então as instruções combinadas no corpo do laço são executadas. Caso contrário, o laço é terminado.

A declaração de controlo pode ser colocada antes ou depois do corpo do laço. Se a declaração de controlo for colocada antes do corpo do laço, chama-se *laço controlado de entrada*. Se a declaração de controlo for escrita após o corpo do laço, chama-se *laço controlado de saída*. C suporta ambos os tipos de instruções do laço.

Deve existir uma condição de teste lógica adequada na declaração de controlo, para que as declarações de controlo sejam executadas, repetidamente e o laço termine graciosamente. Se a condição de teste lógico for concebida de forma descuidada, então há muitas possibilidades de formação do loop infinito que continua a executar as instruções repetidamente. Portanto, para um mecanismo de looping, os passos seguintes são incluídos:

- **Inicialização:** Para definir os valores iniciais para o contador de laço. O contador de laço pode ser incremental ou decrescente.
- **Decisão:** Uma condição de teste adequada para determinar se o laço deve ou não ser executado.
- **Updation:** Aumentar ou diminuir o valor do contador.

C fornece três tipos de estruturas de controlo de laço que são as mesmas:

- A declaração de **While**

- A declaração de **entretanto**
- O **de** declaração

ENQUANTO DECLARAÇÃO:

Isto pode ser usado para executar um conjunto de declarações repetidamente, desde que a condição especificada seja verdadeira. A sintaxe do laço é dada abaixo:

        enquanto (log_exp)

        {

            Declaração;

        }

Quando, **embora** seja uma palavra-chave, **log_exp** é uma expressão lógica que resulta em verdadeiro ou falso e a **declaração** pode ser uma declaração simples ou composta.

Aqui, em primeiro lugar, a expressão lógica é avaliada e, se o resultado for verdadeiro, então a afirmação é repetidamente executada. Se o resultado for falso, então o controlo sai do laço e continua com a declaração executável seguinte. Por isso, é por vezes referido como um laço de pré-teste. O valor da variável envolvida em log_exp será alterado durante cada passagem do loop while. Se não mudar, então o laço while entra num laço infinito. O fluxograma para o laço while é apresentado na figura 13.4.

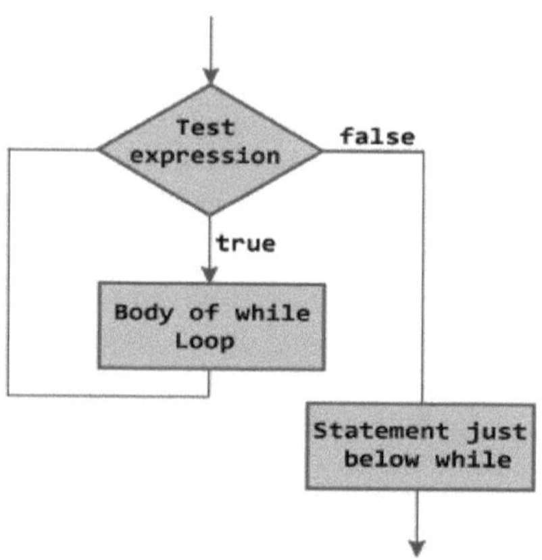

Figura 13.4: Fluxograma da instrução while

Considere o seguinte programa, que ilustra a utilização de enquanto se imprime uma declaração no número de vezes desejado.

```c
#include< stdio.h>
principal ( )
{
        int k, i;
        printf ("Quantas vezes para imprimir a declaração: \n");
        scanf ("%d", &k);
        i = 0;
        enquanto (i < k)
        {
                printf (" *WELCOME TO C WORLD*");
                i++;
        }
}
```

Produção:

Quantas vezes imprimir a declaração:
4
BENVINDOS AO MUNDO
**   *BENVINDOS AO MUNDO***
BENVINDOS AO MUNDO
BENVINDOS AO MUNDO

Considere o seguinte programa, que encontra a soma dos primeiros n (valor de n deve ser introduzido pelo utilizador) inteiros

```c
#include< stdio.h>
principal ( )
{
        int n, i, soma = 0;
        printf ("Digite o valor de 'n': \n");
        scanf ("%d", &n);
        i = 1;
        enquanto (i <= n)
        {
                soma = soma + i;
                i++;
        }
        printf (" SUM = %d", soma)
}
```

Produção:

Digite o valor de "n":

10

SUM = 55

<u>O:</u>

Isto é utilizado para executar o conjunto de afirmações repetidamente, até que o teste lógico resulte em falso. Isto é chamado de loop pós-teste porque o teste de repetição é feito no final de cada passe. A sintaxe fo- entretanto é a seguinte:

> **do**
> **{**
> > **declaração;**
> **} while (log_exp);**

Onde, **fazer** e **enquanto** são palavras-chave, a **declaração** pode ser simples ou composta e **log_exp** é uma expressão lógica que resulta em verdadeiro ou falso. Pelo menos uma vez que o corpo de do-while é executado porque o teste lógico, para repetição do loop, é realizado no final de cada passe. Após o primeiro passe, a afirmação é repetida se o valor log_exp for verdadeiro. Caso contrário, o controlo sai do do-while e continua com a declaração executável seguinte. O fluxograma para o entretanto executado é apresentado abaixo:

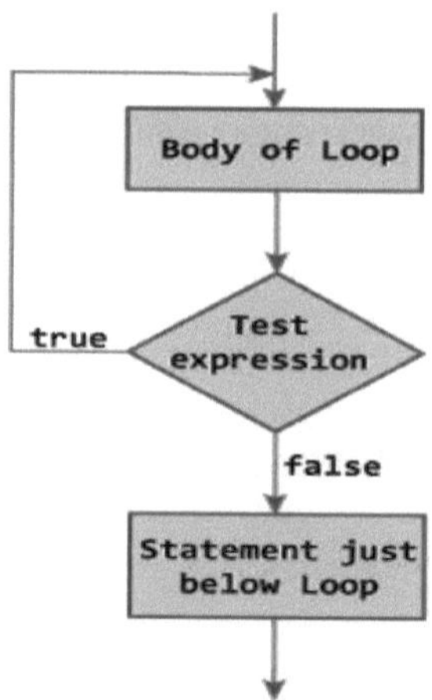

<u>**Figura 13.5: Fluxograma da declaração de entretanto**</u>

Considere o seguinte programa, que encontra a soma de números inteiros ímpares entre 1 e 50.

> **#include< stdio.h>**
> **principal ( )**

```c
{
        int odd_num, soma = 0;
        odd_num = 1;
        do
        {
                soma = soma + soma_ímpar;
                odd_num;
        } while (odd_num <= 50);
        printf (" SUM = %d", soma)
}
```

Produção:

```
SUM = 625
```

Considere o seguinte programa, que encontra a soma das séries dadas:

1 - 1/2 +1/3 - 1/4 + 1/5 - 1/6 + 1/7 ... até ao n.º termo

```c
#include< stdio.h>
principal ( )
{
        int n, sinal, termo_cont;
        float sum = 0, term, num, den;
        printf ("Insira o número de termos da série \ n");
        scanf ("%d", &n);
        sinal = 1;
        num = 1;
        den = 1;
        termo_cont = 1;
        do
        {
                termo = (num / den) * sinal;
                soma + = prazo;
                den ++;
                sinal * = (-1);
                termo_cont ++;
        }
         enquanto (termo_cont <= n);
        printf ("SUM OF THE SERIES = %f", soma);
}
```

Produção

```
Indique o número de termos da série
4
```

SOMA DAS SÉRIES = 0,58

<u>PARA DECLARAÇÃO</u>:

Esta declaração é utilizada quando o programador sabe quantas vezes um conjunto de declarações deve ser executado. A sintaxe *de* um simples comando é a seguinte:

> **para (expressão1; expressão2; expressão3)**
> **{**
> > **declaração;**
> **}**

Quando, **por** ser uma palavra-chave, a **expressão1** inicializa o índice do laço antes do início do laço, a **expressão2** é uma expressão condicional que testa se o índice do laço atingiu o valor fixo, ou seja, determina se deve ou não continuar, a **expressão3** modifica o índice do laço após cada iteração e a **declaração** pode ser simples ou composta. O fluxograma de *para* declaração pode ser dado como:

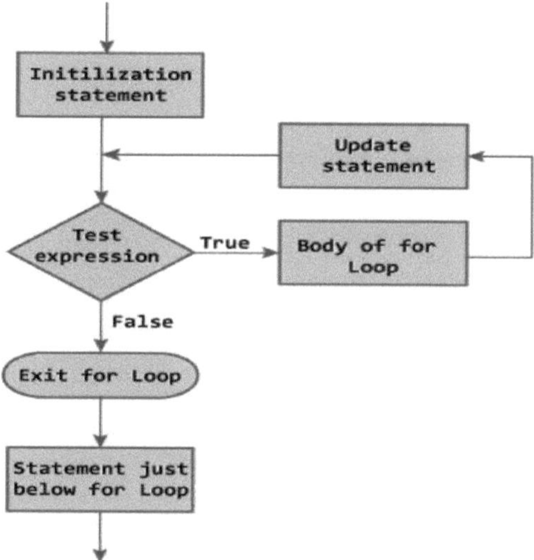

<u>Figura 13.5: Fluxograma de para declaração</u>

Considere o seguinte programa, que encontra a soma dos primeiros 50 números naturais.

> **#include< stdio.h>**
> **principal ( )**
> **{**
> > **int num, soma = 0;**
> > **para (num = 1; num <=50; num ++)**

234

```c
            {
                soma = soma + número;
            }
            printf (" SUM = %d", soma)
    }
```

Produção:

SUM = 1275

Considere o seguinte programa, que calcula o fatorial de um determinado número.

```c
    #include< stdio.h>
    principal ( )
    {
        int i, fact = 1, num;
        printf ("ENTER THE NUMBER: ");
        scanf ("%d", &num);
        se (num <= 0)
            facto = 1;
        senão
        {
            para (i = 1; i <= num; i ++)
                facto = facto * i;
        }
        printf ("\n FACTORIAL = %d", facto);
    }
```

Produção:

DIGITE O NÚMERO: 5
FACTORIAL = 120

<u>Nested For Statement</u>:

Se houver muitos dados a serem processados repetidamente contra o conjunto de elementos, então uma única declaração não é adequada. Por conseguinte, temos de utilizar um *aninhado para o* laço. Se um *para* declaração for completamente colocado dentro do outro, é conhecido como *"aninhado para declaração"*. A sintaxe de um aninhado para declaração é apresentada abaixo:

```c
        para (expressão11; expressão12; expressão13)
        {
                para (expressão21; expressão22; expressão23)
                {
                        declaração1;
```

declaração2;

}

}

Há aqui duas *para as* declarações. O primeiro chama-se *laço exterior* e o segundo *laço interior*. O enunciado1 e o enunciado2 são repetidamente executados o número de vezes especificado pelo limite máximo do segundo *para o* laço, para cada valor do índice do laço exterior *para o* laço. O significado da expressão11, expressão12, expressão13, expressão21, expressão22 e expressão23 são directos.

Considere o programa que imprime a seguinte estrutura:
1
    12
    123
    1234
    12345

```c
#include< stdio.h>
principal ( )
{
    int i, j;
    para (i = 1; i < = 5; i ++)
    {
        para (j = 1; j < = i; j ++)
        {
            printf ("%d      ", j);
        }
    printf ("\n");
    }
}
```

Produção:
1
    12
    123
    1234
    12345

Considere o programa que imprime a seguinte estrutura:
*
* *
* * *

```c
                * * * *
                * * * * *
    #include< stdio.h>
    principal ( )
    {
        int i, j;
        para (i = 1; i < = 5; i ++)
        {
            para (j = 1; j < = i; j ++)
            {
                printf ("* ");
            }
            printf ("\n");
        }
    }
```
Produção:
```
*
* *
* * *
* * * *
* * * * *
```

JUMPS EM LOOP:

Sabemos que um loop executa um grupo de afirmações, desde que a condição de teste seja verdadeira. Mas, em algumas aplicações, pode ser necessário saltar uma parte do laço para sair do laço quando uma determinada condição é satisfeita. Por exemplo, considere o problema da pesquisa. Consideremos uma lista de 50 números inteiros não repetidos que são aceites e que se encontram numa matriz. O valor (chave) a ser pesquisado também é aceite. Quando começamos a comparar o valor da chave com cada um dos elementos do array, em determinada iteração podemos encontrar uma pesquisa bem sucedida, digamos, na 12ª iteração. Devemos continuar a procurar os outros 38 elementos restantes? Não é realmente necessário. Portanto, temos de sair do processo iterativo. Para o fazer, precisamos de algumas declarações de controlo de saltos fora do circuito.

Consideremos outro exemplo de encontrar a soma dos números pares de uma determinada lista 100 números inteiros. Pegamos em cada elemento da lista e verificamos se se trata de um número par ou de um número adicional. Se o número for par, calculamos a soma do número par e saltamos a outra parte do laço que é calcular a soma dos números ímpares e a execução continua com a próxima iteração. Noutras operações, precisamos de saltar (ou passar) uma declaração de controlo do laço à parte.

C apoia a **declaração de interrupção** para saltar para fora do laço e a **declaração** de **continuação** para saltar uma parte do laço.

DECLARAÇÃO DE INTERRUPÇÃO:

Uma *declaração de interrupção* permite-nos terminar a execução do laço e saltar para fora do laço sem esperar para voltar ao teste condicional. Assim, quando a *declaração de quebra* é encontrada dentro de um laço, este é imediatamente terminado e o controlo da execução é transferido para a declaração seguinte imediatamente a seguir ao laço.

Por exemplo:

```
para (i = 0; i < = 100; i ++)
{
        printf ("%d      ", i);
        se (i ==10)
                pausa;
}

– – – – – – – – – – – – –
– – – – – – – – – – – – –
– – – – – – – – – – – – –
```

No código do programa acima, a saída será:

12345678910

Após a impressão de **10,** o teste **se (i = = 10)** se torna verdadeiro e o loop termina por causa da declaração de quebra. O fluxograma da declaração de quebra é:

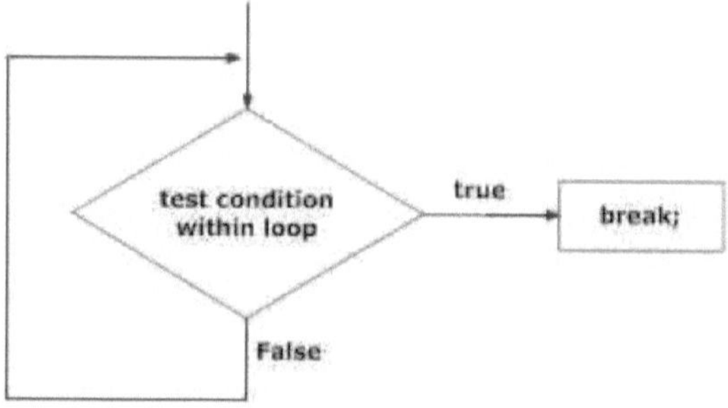

Figura 13.6: Fluxograma da declaração de pausa

Considere o seguinte programa que ilustra a utilização da declaração de interrupção.

```c
#include< stdio.h>
principal ( )
{
        char sex_code;
        printf ("Insira o código de sexo (M / F): \n");
        scanf ("%c", & sex_code);
        switch (código_do_sexo)
        {
            caso M:
                        printf ("MALE\n");
                        pausa;
            caso F:
                        printf ("FEMALE\n");
                        pausa;
            por defeito:
                        printf        ("ERROR        IN        TYPING
SEX_CODE\n");
                        pausa;

        }
}
```
Produção:
Introduza o código do sexo (M /F):
F
FEMININO

CONTINUAR A DECLARAÇÃO:

A *declaração de continuação* é utilizada para a próxima iteração do laço a ter lugar, ignorando qualquer código entre eles. Assim, é utilizada para terminar a actual iteração e continuar com a próxima iteração do laço. Para o laço, continuar faz com que a actualização e depois as partes de teste condicional do laço sejam executadas. Para o laço de *enquanto* e *enquanto se faz o* laço, o controlo do programa passa para os testes condicionais. O fluxograma da declaração de continuação é apresentado na figura 13.7.

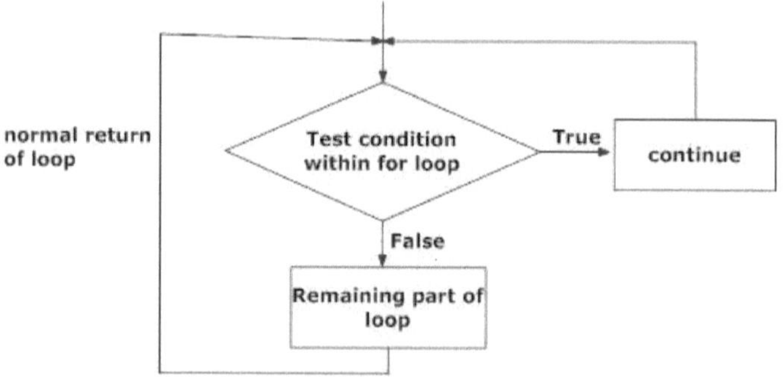

Figura 13.7: Fluxograma da declaração de continuidade

Por exemplo,

```
para ( j = 1; j <= 2; j ++)
{
        para ( k = 1; k <= 2; k ++)
        {
                se (j == k)
                        continuar;
                printf ("%d%d   ", j, k);
        }
}
```

No código do programa acima, a saída será

12

21

Inicialmente, tanto **j** como **k** são iguais a **1**. Assim, a condição é **se (j ==k)** é verdadeira e, portanto, a declaração de continuação leva o controlo para o interior *para o* laço, passando o resto da declaração.

Considere o seguinte programa, que ilustra a utilização da declaração contínua.

```
#include< stdio.h>
principal ( )
{
        int contagem, soma1 = 0, soma 2 = 0, limite, rem;
        printf ("Insira o limite \n");
        scanf ("%d", &limite);
        para ( contagem = 0; contagem <limite; contagem ++)
        {
                rem = (contar % 2);
```

```
            se (rem = = 0)
                    soma1 + = contar;
            continuar;
                    soma2 + = contar;
        }
        printf ("SUM OF EVEN NUMBERS = %d", soma1);
        printf ("SUM OF ODD NUMBERS = %d", soma2);
    }
```
Produção:

Entrar o limite

10

A SOMA DOS NÚMEROS PARES = 20
A SOMA DOS NÚMEROS ÍMPARES = 0

<u>PONTOS A LEMBRAR</u>

1. Existem basicamente dois tipos de declarações de entradas-saídas (E/S). São declarações de E/S formatadas e declarações de E/S não formatadas.

2. As declarações de E/S formatadas permitem ao utilizador especificar o tipo de dados e a forma como estes devem ser lidos ou escritos. As declarações de E/S não formatadas não especificam o tipo de dados e a forma como devem ser lidos ou redigidos.

3. Em função da veracidade ou falsidade da condição, a declaração a executar é determinada. Depois disso, a transferência de controlo para a declaração no programa e inicia a execução das declarações a partir desse ponto. Isto é conhecido como execução condicional.

4. Se for utilizada uma declaração para executar uma declaração ou um conjunto de declarações condicionalmente. É também designada por ramificação unidireccional.

5. Se - caso contrário - é utilizada uma declaração quando existem duas declarações a executar em alternativa. A declaração if-else é uma ramificação de duas vias.

6. Se houver mais de duas alternativas a seleccionar, então são utilizadas as if-statements aninhadas.

7. A declaração em caso de mudança é uma declaração de selecção de múltiplos ramos, que testa sucessivamente o valor de uma expressão contra uma lista de números inteiros e constantes.

8. O looping é uma poderosa técnica de programação através da qual um grupo de declarações é executado repetidamente, até que certas condições

especificadas sejam satisfeitas. O looping é também chamado de mecanismo de controlo repetitivo ou iterativo.

9. Uma *declaração de interrupção* permite-nos terminar a execução do laço e saltar para fora do laço sem esperar para voltar ao teste condicional.

10. A *declaração de continuação* é utilizada para a próxima iteração do laço a ter lugar, ignorando qualquer código entre eles. Assim, é utilizada para terminar a actual iteração e continuar com a próxima iteração do laço.

PERGUNTAS:

1- Qual é a necessidade de declarações input-output?

2- Quais são os diferentes grupos de caracteres utilizados para os números reais?

3- Como se classificam as declarações de controlo? Explique com exemplos adequados.

4- Quando prefere a declaração de if-else? Explique com exemplo.

5- Explique a sintaxe e a semântica da declaração de mudança com um exemplo adequado.

6- O que é um loop em C?

7- Explique o significado da declaração de goto em C.

8- Enumere os diferentes tipos de declarações de controlo de loop e explique-os com o exemplo adequado.

9- Explicar com a sua sintaxe, semântica e com o exemplo apropriado.

10- Por que escolher *para o* loop? Como é diferente do laço?

11- Explicar a pausa e continuar a declaração.

12- Escreva um programa C para aceitar o seu nome, número de rolo, curso e percentagem.

13- Escreva um programa em C para encontrar a área de uma praça, onde os lados são dados.

14- Escreva um programa em C para encontrar o valor de y na equação dada:

$$y = x2 + 3x + 1$$

15- Escreva um programa em C para encontrar a raiz da equação quadrática **eixo2 + bx + c = 0**. Verifique todas as condições.

16- Escreva um programa em C para encontrar o maior número entre três números inteiros de entrada.

17- Escreva um programa em C para exibir o número de palavras. (Exemplo - 123 como um dois três).

18- Escreva um programa em C para aceitar o número **n-dígito** e inverta-o. E verifique também se o número é palíndromo ou não.

19- Escreva um programa em C para gerar os primeiros **n** números de Fibonacci. Numa sequência de Fibonacci cada número é gerado através da adição dos dois números anteriores. Assumindo que os dois primeiros números sejam 0 e 1, então a série será

       i. **1 1 2 3 5 8 13** . . . .

20- Escreva um programa em C para encontrar a soma das seguintes séries:

    a. $1 - 1/2 + 1/3 - 1/4 + 1/5 - 1/6$ . . . .

    b. $1! + 2! + 3! + 4! + 5!$ . . . .

21- Escreva um programa C para aceitar uma mensagem e conte o número de vogais e consoantes nele contidas.

Printed by Books on Demand GmbH, Norderstedt / Germany